日本人の英語はなぜ12歳か？

片野拓夫 著

青灯社

日本人の英語はなぜ12歳か？

装幀　眞島和馬

目次

第3章 これが和式英語だ！…… 189

はじめに

ここに七三歳になる若者がいます。自然の常として、いずれ、一時的に、この世を去る時を迎えますが、今回の旅（人生）は、充実した、満足のいくものでした。充実感と、満足感で人生を振り返られる幸せは言語を絶します。個人の成就は自信と誇りを生みます。自信と誇りは、自分の再発見を可能にします。この若者の成就とは、個人改革でした。自分の受けた教育に疑問を持ち、自分を教育し直したのです。

この若者の人生の一部を、ここに紹介し、皆さまと共有したいと思います。これが、後に続く、人生の旅人たちに、何らかの役に立ち、ヒントになることがありましたら、これに勝る喜びはありません。

もう一つの動機は、社会改革です。改革なしに進歩はなく、社会は常に進化を続ける運命にあります。わが国の直面する問題の中から顕著なものを取り上げ、皆様の賢明な批判を仰ぐことが目的です。わが国が抱える、今世紀最大の問題は〈思考の問題〉です。わが国の思考法は独自の道を進み、その結果、近親結婚のように、閉塞的な特質を持つに至りました。

思考の共通性を持たないで国際社会に入ると、さまざまな障害が生じるでしょう。これからの世界の発展のためには相互理解と協力が必要になります。世界と良い関係を築けない民族は悲劇です。わたしは、この誤った教育が生んだ思考法が、個人的にも、国家的にも、世界と摩擦を起こすことを恐れます。この点を「日本人が英語を使う」という一面から、踏み込んで、検討してみたいと思います。

第1章　外国人になった日本人の話

結婚式の妻

1　ことの始まり

わたしの青春時代の一九六〇年代は、わが国が終戦の荒廃から経済的な再建を目指した時代で、日本人の眼が、新たに、世界に向けられた時代でした。この時勢の流れに乗って、多くの日本人は憑かれたように英語習得に走りました。当時の英語熱は、後の大阪万博が引き金となった第二次英語ブームを、規模の上でも熱意の面でも遥かに越えるもので、歴史上、例を見ないものでした。わたしも知人に誘われて、その当時、雨後のタケノコのように生まれた英会話学校へ入りました。

当時の日本人は英会話学校へ通うだけでは満足せず、あちこちに英語を話す会が自主的に生まれ、活発に活動しました。わたしたちも、クラスの後、喫茶店を根城に、英語を話してから帰宅する会合を持つに至りました。これも自発的に生まれた会の一つと言えるでしょう。わたしたちの会には東海村の原子物理学博士から、一流企業の戦士、有名校の学生と、あらゆる社会層の、これからの日本を支えるエリートがいました。

さて集まってみたものの、問題は英語を話せる者がいないことです。集まっても、会話を発展させる実力者はおらず、ひょんなことから、いつの間にか、その役は若いわたしが負うことになりました。このことがわたしの英語の上達につながりました。学校では英語の落ちこぼれだったわたしは、上から押しつけられる勉強より自由な学習が合っていたのでしょうか、一年半後にはネイティブの先生が病欠したとき、学校の経営者から代講を頼まれる程になりました。先生方がわたしのことを講師室で大げさに吹聴していたようです。

英語を話す日本人は数えるほど少ない時代に、英語の落ちこぼれから英語の達人になったわたしは、時代の寵児にのし上がりました。あちこちの英語クラブを回り、自分より上手な者を探し求めたものです。道場破りというところでしょうか。語学教育で、当時、頭ひとつ飛び出していたミシガン大学の、現代のＴＯＥＩＣに当たる実力試験で、英文学教授の倍以上の得点をとり、文字通り、あちこちの英会話学校で引っ張りだこで、当時の大卒の初任給の五倍に当たる収入を得て、わが世の春を謳歌しました。このままいったら〈和式英語〉の達人で終わっていたでしょう。

2　英語人生で最大の幸運に恵まれる

当時のわたしは、日本では自分より英語がうまい人間はいないと本気で思うほどでした。当時、日本人の願望は〈英語をペラペラ話す〉ことでした。わたしは文法的に正しい英語をペラペラ話すことで必然的に当時の希少な英語のエリートの仲間入りをしたのです。そのわたしが、ある出来事を機会に、自分の英語は英語ではないことを自覚することになります。この出来事こそ、わたしの英語人生の中で最も幸運な出来事でした。わたしの〈英語を自分の言葉にしたい〉という真摯な祈りに神が答えてくれたのです。

当時は無銭旅行が流行し、多くの若者たちがバックパックひとつでわが国を訪れるようになりました。わたしは英語ができる数少ない日本人ということと、若者の無謀さで、恐れず彼らと交際を広げていきました。そして、あるパーティーに招待されたのです。これがわたしの英語人生で大きな転機となるとは夢にも知らず、わたしは英語をペラペラ話す日本人の存在を誇示するため揚々と出かけました。

出席者はおもに英語圏の若者たちでしたが、その中にエチオピアの留学生がいました。男ばかりで、他にすることもなく、そうなると飲みながら会話を楽しむしかありません。これはわたしの得意分野です。わたしは皆を驚かせようと発言のタイミングを図りました。ここで驚くべきことが起こったのです。発言しようと眈々と機会をうかがうわたしに発言の機会がないのです。会話は夜を徹して続きましたが、その会話に一歩も入れないのです。

会話の中心はエチオピア人で、彼はソルボンヌ大学をはじめ、ヨーロッパの有名校で学位を納め、五カ国語を話すエリートでした。この会話こそ、本当の意味で、わたしが初めて接した、教養のある会話でした。しかも内容は独創的で、おもしろく、ユーモアに富み、活気に満ちていました。後で考えると、これが「国際英語」だったのです。

わたしは会話の内容は理解できるのですが、会話に加わることができません。一方、エチオピア人は自然に振舞いながら、他を魅了し、パーティーに華を添えています。パーティーの出席者に言わせれば、わたしの存在は、英語は聞き取れるが話せない日本人がいた、ということになるでしょう。この夜の思い出は、発言しようと口をパクパクさせて焦りまくったにもかかわらず、まったく会話に入っていけない哀れな自分を見せつけられたと言ったら良いでしょうか。この体験は、わたしに大きな衝撃を与えました。今でも、この夜の出来事を英語人生で最大な幸運と考えています。

3　真実を知る

わたしは自分の英語に深い疑問を持つようになりました。ひょっとしたら、わたしは英語を話してはいないのではないかという疑問です。この疑問を解くために、多くの外国人の友達に問いただしてみました。しかし「そんなことはない。君の英語はすばらしいよ」とか「君の英語はネイティブだよ」という答えしか返ってきません。これでは事実は解明できません。

わたしは彼らから本音を引き出すために、強硬手段にでました。喧嘩を吹っかけたのです。つまり「君は日系二世で、しかも一年ちかく日本にいるのに、日本語がなっていない。見てごらん、僕なんか外国に一歩も出たことがないのに、この通り英語を流暢に話してるぜ」という具合にでます。ここで彼らの態度は一変します。返ってくるのは、まさにわたしが望んでいた本音でした。

彼らは哀れみを込めた眼でわたしを見ながら、つぎのように言うのです。「英語を話しているって？　笑わせるぜ」。これで十分でした。この時点でわたしは、自分が英語を話していないことを確信するに至ったのです。これはわたしの英語人生の大きな転機になりました。この時点で、わたしは「英語をペラペラ話す」という目的を「本物の英語を話す」に切り替えたのです。つまり、目標を和式英語から国際英語に切り替えたと言っていいでしょう。

しかし、言うは易く行なうは難しで、どうしたらパーティーで会ったエチオピア人のように国境を越えて、自由で、知的で、独創的で、しかも品の良い会話ができるかは、日本で生まれて教育を受けたわたしには見当もつきません。鋳型にハマった、社会の通念を押し通す、紋切り型の思考・発想しかできないわたしには想像もつかない世界です。しかし、国際レベルの英語を話したい、本物の会話を楽しみたいという願望は衰えるどころか、強くなるばかりです。

わたしは、当時の日本でできる、あらゆる可能性に挑戦しました。外国映画から洒落た会話や会話術を盗みました。現代と違って、当時は映画をＤＶＤで売っているわけではなく、シナリオこそ売っていましたが、好きな映画を所有して、自宅で、見たい時に見られるという贅沢は想像もつかない時代です。わたしはシナリオを覚えた後、弁当持参で毎日のように映画館に通いました。その当時は映画上映の間にニュースが流れました。ニュースを繰り返し見るのはたまらなく苦痛だったことを覚えています。しかしこの経験を通して、再確認したのは、わたしの日本語の思考・発想からでる紋切り型の会話に比べて、英語の会話のすばらしさです。わたしは、この自由で独創的な会話術に魅了されました。

パーティーの出席者のレベルで会話をするには、つぎにユーモアのセンスを磨かなければなりません。わたしは英語のジョーク集は可能な限り買い漁り、Mad 誌を購読しました。一ドル三六〇円の時代ですから非常に高価な買い物だったことを覚えています。しかし、わたしは、ここで英語のユーモアに心を奪われました。これは新鮮な発見でした。その当時は、ただ無我夢中で、まさか後に海外に出たとき、このユーモアがわたしのアイデンティティーになるとは考えも及びませんでした。

話術とユーモアを身につけるには、その基本である英語の発想と思考を知ることが必須です。このように、わたしは会話術とユーモアを身につけながら、同時に英語の思考と発想を身につけていきました。このように、わたしは英語学習の目的を英語をペラペラ話すことから、教養のある英語を話すことに切り替えたのです。そして、その動機となったのが、わたしは英語を話していないという驚くべき発見でした。この発見こそ、わたしの英語人生の転機となり、わたしを本物の英語に向かわせた動機となったのです。

4　きっかけを掴む

わたしには忘れられない思い出があります。

当時、わたしは種田という男と行動を共にしていました。彼は日本人でありながら、当時すでに八カ国語を駆使し、後に『20ケ国語ペラペラ』という著書を出し、わたしが外国生活から帰国した一九七〇年代には English Journal の編集長をしていて、すでに四〇カ国語を話していました。その道では知る人ぞ知る人物です。

ある日、この種田から興味あるアメリカ人を紹介されました。彼は初めての来日にもかかわらず、日本語が完璧なのです。当時は日本語のできる外国人は希少でした。バーで飲みながら、彼はわたしに挑戦してきました。紙とペンを渡し、俳句の上の句を作れと言うのです。わたしが冷や汗をかきながら小学生レベルの上の句を書くと、彼はわたしの目の前で下の句を書き上げました。しかも、草書体の崩し字ではありませんか。

当時の状況から、このような外国人の存在は驚異に値します。なんでも彼は太平洋戦争の間、軍の情報局に所属し、日本語を話すスパイとして教育されたそうです。そう言われれば、軍の情報局がスパイ養成のために行なう語学訓練ほど徹底した研修法はないのは耳にしていました。また彼がアメリカ人としては背が低いことから、スパイ候補に選ばれた理由は理解できないことはありませんが、顔はまったくアメリカ人ですから、笑ってしまいます。真相は神のみぞ知るです。しかしわたしはこのジャックという米国人に完全に一本取られました。

その後、彼のアパートに場所を移して、会話は続きました。しかし、彼はしきりと隣人の迷惑を気にして、もっと低い声で話そうと提案します。狭い日本のアパートですから、隣の物音は筒抜けの上に、すでに時刻も深夜を遥かにまわっているので、この提案は当然です。それでも酔っていることもあり、どうしても声は大きくなります。ジャックが何度目かの警告を発したとき、わたしは、酔った勢いと若者の大胆さで「心配してもしょうがないだろう、気楽に行こうぜ」と発言をしました。そして、これをジョークで言ったのです（Don't worry. If they are not (awake), they will be.）。その瞬間、彼はキョトンとした表情をしました。わたしの発言を理解しかねた様子です。そこでわたしはジョークをくり返すはめになりました。

つぎの瞬間のジャックの反応は忘れられません。彼は、飛び上がり、ひっくり返って笑いこけたのです。しかし、目は大きく見開いてわたしを見つめたままでした。つまり、日本人の口から英語のジョークが出ることは信じられなかったのです。最初のキョトンとした反応もこれで説明がつきます。笑い終わった後、彼はわたしの顔をまじまじと見て言いました。これは今まで受けた最大の讃辞でした。

——君はここの人間じゃないよ。（You don't belong here.）

「ここ」とは当然「日本」のことを言っています。俳句で一本取られたのを、英語のジョークで一本取り返したまでの話ですが、わたしにとってジャックの一言は、本物の英語を話すために努力をするわたしが、その第一歩を踏み出したことを証明する、うれしい本音でした。その後、彼は夢中になり、文学書を取りだし、ここの比喩はわかるかと畳みかけてきました。それには答えられず、彼を失望させましたが、わたしのジョークが通じたことは大きな報酬であり、希望を与えるものでした。

普通、英語のうまい人に対して、外国人が「あなたの英語はネイティブだ」という類の褒め言葉を使うのは、あくまで社交辞令に過ぎません。本当にネイティブの英語を話す人に言っても意味のない言葉です。それを知っているわたしは、ジャックの本心から出た言葉こそ、自分の英語が和式英語の域を出はじめて、国際英語の域に入りかけた〈証〉とわかったのです。つまり、やれば、いつか、あの時のエチオピア人のような洗練した国際的な話術を身につけるのも不可能ではないと実感したのです。

5　自分を探して

その後、わたしは海外に飛び出し、英語修行を始めます。米国を目指したのですが、英語がまがりなりにもできたため、出稼ぎ志望と勘ぐられたのでしょうか、ビザの発行を拒まれ、喧嘩腰の話し合いの末、三〇日のトランジット・ビザしか取得できませんでした。そのため、一ヶ月後にメキシコに出ることになります。その後、わたしはメキシコを始め、中米諸国が生活の中心になりました。

わたしは、そこで、驚愕の事実に触れます。スペイン語を話す人たちも、英語圏の人間とおなじ思考と発想をするのです。たとえば、英語とスペイン語のジョークは互換性さえあるのです。またメキシコのインテリは、わたしの英語を変える動機となった、あのパーティーでのエチオピアのエリートに勝るとも劣らない話術を有しているのです。このことは、日本にいる時、多くのヒッチハイカーとの交流を通して、うすうす感じてはいましたが、それを強く実感したのはメキシコでした。

ということは、逆に、わたしが英語を通して身につけた思考・発想、話術、ユーモアが、スペイン語でもそのまま通じるのです。わたしの思考・発想と、会話術、ユーモアは、その後、なんとスペイン語を通して成長しました。若者を〈日本人〉という鋳型に押し込んで〈日本人〉に育てるわが国の教育を離れ、わたしは、中米で、自由な思考と発想を身につける再教育を受けることになります。逆説的に聞こえるかも知れませんが、スペイン語を身につけることで、わたしには、英語の思考と発想が浮き彫りになりました。

容姿も、経済力もなく、女性を引きつける魅力のない若者は次第にユーモアに富んだ会話術に磨きをかけ、これがわたしのアイデンティティーになりました。イケメンで、見栄えがする競争相手に囲まれて、わたしがガールフレンドを得る方法は会話術しかなかったのです。また、女性だけでなく、男性の友人も多くできるようになりました。しかし、その過程は決して容易ではありませんでした。

顔から火がでるような、恥ずかしい言動をくり返し、その度に、わたしのラテン・アメリカの友人たちは、愛と思いやりをもって、深く身体にしみ込んだ日本語の思考と発想を、ことあるごとに指摘してくれ、丁寧に、善意と誠意をもって、辛抱強く、国際思考に育ててくれたのです。彼らの愛と率直さが、わたしの言語学的な再生の原動力になったのです。わたしはそれを予測していたかのように、何のこだわりもなく、彼らの中に飛び込んで行きました。

6　これがアメリカだ！

ビザの都合で、わたしは大急ぎでアメリカを一周することになります。わたしが教えていた学校が主宰する、当時、新設されたばかりのホームステイ制度を利用しながら、日本人のグループをつれて、バスで米国を一周する一ヶ月の旅行です。わたしの身分は、通訳と便利屋でした。グレイハウンドの長距離バスには、夏休みのこともあり、学生が多く乗っていました。また受け入れ先には、よく学生たちが集まり、日本からのお客を待ち構えていました。わたしは水を得た魚のように、彼らと話し、意見の交換を楽しみました。

わたしが気に入ったのは、この国の、人に批判的でない、個々が自由に生き、自由にものを言う空気でした。時には思いがけないことにも遭遇しました。ある南部の町に滞在したときのことです。わたしは、小学生の男の子と部屋を共にすることになりました。ベッドは二つあり、問題はないのですが、真夜中にモゾモゾとベッドの中で動くものがあります。飛び起きて電気をつけると、なんと蛇ではありませんか。目を覚ました男の子は「大丈夫だよ。僕のペットで毒蛇じゃないから」と事もなげに言います。

目を擦ってよく見るとベッドの下にも、男の子のベッドの下にも別の蛇がいます。翌朝、前もって蛇のことを言うのを忘れていたことを親から謝罪されました。前もって知らされていたら泊まらなかったでしょう。しかし、このコメントから、蛇を飼っていたのは親の目を盗んでやったことではなく、親も承知の上のことだとわかった時は驚きました。お客を驚かさないように、箱の中に入れて置いたのですが、夜中に箱から出てきたのが真相のようです。

子供の自由を束縛せず、自由奔放に育てるアメリカ式の教育については聞いていましたが、実際に接すると、日本では考えられない自由を子供たちは享受しています。翌日、少年はわたしを町の外れの平原に連れて行きました。そこで、わたしは、半日、蛇狩りにつき合わされることになります。一緒にいると、この少年は爬虫類が大好きで、深い知識を持っているのに驚きます。この〈子供の特性〉を見抜き、他人に迷惑をかけない限り、子供の自由意志を尊重する教育方針に、わたしは戸惑いと驚きをおぼえました。

また、別の滞在では、隣家にローラースケートに夢中な中学生がいました。真夏のことで、この少年は短パンひとつで練習をしています。その少年の背中は、上半身から足の先まで広範囲にわたって火傷のケロイドのようなもので覆われています。よく見ると、それはカサブタと薬で覆われた生々しい擦りむき傷です。ひどい転び方をしたのでしょう。見るも無惨な傷跡です。普通、このような体験をしたら、二度とスケートはやらないでしょう。ところが、この少年は、怖じることなく、再挑戦をしているのです。転んで怪我をして止めたのでは、成功は望めません。彼は転ばない方法を覚える方を選んだのです。

この少年の失敗を認めない、出来るまでやるという不屈な挑戦精神にも驚きましたが、わたしが感銘を受けたのは、それを許す親の教育方針です。これが日本だったら子供はやると言っても、挑戦精神より無難な生き方を望む親は、子供からスケートを取り上げたでしょう。少年が再挑戦できるのは、親が子供の判断を尊重するという自由擁護の精神が生きているからです。これらの体験から、わたしは米国の建国の目標である「自由と平等」の〈自由〉が息づいているのを、身を持って感じたのです。そして「自由」とは「個人の自由」に他ならないことを教えられました。

7　涙した体験

続いて、わたしは貴重な体験を重ねます。メンフィスの富豪の大邸宅に滞在した時のことです。これはツアーの参加者のひとりが金持ちの息子で、父親同士がライオンズ・クラブの会員だった関係で、ツアーから離れて個人的に招待されたものです。わたしは通訳として同伴したのですが、このおぼっちゃんは英語が満足に話せず、そのため、彼の存在は覚えていないほど希薄で、逆に、ご主人夫妻と話ができるわたしが、いつの間にか主賓になって数日を過ごしました。

バス停には運転手の迎えしかなく、ちょっと失望しました。その理由は邸宅に着いてすぐに明らかになりました。ホスト夫婦は高齢だったのです。理由はそれだけではありませんでした。車を下りて玄関を入ると、そこには日本式の飾りつけがあり、ホスト夫妻が、和製のハッピを着て待っていました。そして深々と日本式のお辞儀をして迎えるのです。門から邸宅まで、広い、手入れの行き届いた、博物館のような庭が広がり、老夫婦しか住まない邸宅にはもったいないほどの多くの部屋があります。すべての部屋にバスルームがあり、そこに置かれたタオル類はすべて家紋が入っていました。

しかし、若いわたしが感動したのは、豪華な住まいではなく、主人の人柄でした。英語ができるので、主人は好んで、わたしといろいろな話をしました。時には何時間も会話をしたこともあります。そこで、わたしは生まれて初めての経験をするのです。わたしには、社会的地位でも、人生経験でも、雲の上のような存在の富豪夫妻が、わたしをまったく平等に扱ってくれるのです。タテ型社会しか知らないわたしには、これは、まさに驚きの未知の世界でした。

さらに、よく知るにつれ、主人夫婦は、若いわたしを魅了し、尊敬の念を生まずにおきませんでした。まず、広い居間に入ると暖炉の上にある大きな額に入った写真が眼につきます。それは頭から真っ黒になって労働している若者の白黒写真です。わたしが尋ねると、主人は、屈託なく、これはわたしの若いときの写真ですと言いました。普通、成金は過去を隠すものです。彼は、印刷工から始めた過去を誇らしそうに居間の暖炉の上、つまり正面に飾っているのです。飾り気のないこの態度に、わたしは感銘を受けました。

このように、いろいろな面で感動を受けましたが、何と言っても、目上の者から言語面と接客態度を通し、平等の待遇を受けたことは、まさに電気ショックでした。さらに異国から来た若者に優しく、ユーモアたっぷりに、思いやりさえ見せる老夫婦に感動しました。このメンフィスでの一週間は、わたしの人生観を大きく変えたと言っても言い過ぎではないでしょう。ここで、わたしはアメリカ建国の目標である〈自由と平等〉の〈平等〉という言葉が、単なる飾り文句ではないことを知るのです。

この体験こそ、今まで、社会的に目上の者に上からの目線で見られ、時に個人の尊厳を踏みにじるまで叱咤されてきた若者が、世の中には別の世界が存在し、別の考え方を持つ人間がいることを知る貴重な財産となりました。

別れの際に、わたしは子供っぽい態度を見せてしまいます。涙が止まらないのです。ある程度、距離は置きながらも、愛と人間性の豊かな老夫婦との別れが辛かったのです。しかし今になって考えると、わたしが感涙にむせんだのは、未知の体験、つまり上下の人間関係しか知らず、目上の者に頭があがらない若者を対等に扱ってくれることで、新しい世界の存在を示してくれたことに対する感謝の涙だったのでしょう。

8 顔から火が出る思い

アメリカの滞在の間にいろいろな人たちと会い、いろいろな経験をしました。日系アメリカ人が主催するパーティーでは、出席者の質問攻めに合い、気がつくと、パーティーに華を添えていたのでした。帰りに「君のような日本人がいたら太平洋戦争は起こらなかっただろう」という褒め言葉さえいただきました。

しかし、わたしはわが国の教育の犠牲者で、べき・べからずを生き方の基準とする、自由な言動に馴染めない面があることも知っていました。あるパーティーでの出来事です。ゲストの間を回っている美しい奥さんからケーキはいかがですかと勧められました。そこでわたしは顔から火が出るような対応をするのです。遠慮を強要するわが国の教えと、自由な発想を基にする英語の生き方が、真っ向から衝突して、なんと、口では「結構です」と言いながら、受け皿の右手が出ているのです。つまり、日本人のしつけ「知らない家では遠慮をするもの」と「欲しいときは欲しいと言う」という英語の自然体の受け答えが、口と手の矛盾した動きを誘導したのです。

しかし、考えてみると奥さんが知りたかったのは、個人の意思で、食べたいのに「結構です」と答える話法は、アメリカ人の婦人にとっては、馴染まないだけでなく、同時に手を出すのは、心理的に混乱した人間の反応でしかありません。わたしは顔が真っ赤になりました。奥さんは、大人の態度で、巧みにその場をつくろいましたが、この恥ずかしい体験は、わたしにとっては忘れられないものになります。

同時に「こういう場合はこう言動する」という一から十まで個人の言動を制限する時代錯誤のわが国の生き方を外国で実践するのは馬鹿げたことで、このような言動の規制は、個人思考が働く社会では用をなさないことを強く認識しました。しかし、実際の対応に際しては、失敗が先にたち「痛い目に遭って覚える（Aprender a golpes.）」というスペイン語のことわざを実践することになる自分でした。

その後、わたしはこの手の失敗を繰り返しながら、英語圏でもスペイン語圏でも、共通なものの考え方、自分に正直に答えることが最善であり、理想的な生き方だと気づきます。自分に率直に、正直にあること、これは考えてみれば、個人性の芽生えであり、この生き方こそ、世界市民へのパスポートに他ならないと実感するのです。

ところで、わたしの妻は中米の人間ですが、彼女の理想的な人間像は「単純で、正直な人」です。その妻がわたしに魅力を感じたのは、この出来事の五年後の求婚時代までに、わたしは彼女の理想像に近い「率直で、正直な」存在になっていたのでしょうか。わたし自身も、この人生哲学を重視しています。目上の人にはこう答える、目下の者にはああ言うから始まって、こういう場合はこうと個人性を無視した言語使用を強いられ、個人性の抹殺を強いる社会から、言語使用を通して個人性を取り戻したこと、社会慣習に率直で、正直な人間から、自分に率直で、正直な人間になることは容易なことではありません。そのためには顔から火が出るような体験をくり返すという代償を払わなければなりませんでした。

9　何が問題なんだい？

メキシコ人は気さくで、すぐに友達になれます。また簡単に友達になれるのは若者の特権でしょうか。この気のおけない友人たちとピクニックに出かけたときのことです。出発に際して、わたしが心配したのは出費でした。車は仲間のものですが、その他の出費が予想できませんでした。しかも、その日は残り少ない貴重な一〇〇ドル札しかありません。わたしは思い切って胸の内を明かしました。

「問題があるんだ。一〇〇ドル札しかないいんだよ」。一瞬、彼らは解せない顔をしました。そしてリーダー格の若者が事もなげに、つぎのように切り返すと、車の中は笑いに包まれたのです。「心配するなよ。皆で使うのを手伝ってあげるよ」。わたしはこの提案に当惑したのを覚えています。実際、ピクニックは大自然の中で、彼らの持ち寄った食べ物、飲み物でこと足り、出費はありませんでした。

メキシコ人の仲間たちが理解できなかったのは、一〇〇ドルあることが、なぜ〈問題〉と考えるかです。つまり、彼らに言わせれば、金がないのは問題だが、十分にあるのは問題ではないのです。当時は一〇〇ドルは大金でした。つまり、彼らが理解できないのは、わたしの思考と、その表現なのです。言う前に考えて、自分の気持ちを率直に言えば何も問題はなかったのです。「これが最後の一〇〇ドルで、できたらなるべく使いたくない」と正直に言えば、彼らは「大丈夫だよ。今日は金を使うことはないよ」と安心させてくれたでしょう。

一〇〇ドルあることを問題ととらえるわたしの思考は、解釈によっては高額紙幣を所有する心配とも取れます。それなら、皆に公言しなければ良いのです。解釈によっては、仲間を疑うことになります。また小額紙幣がないため支払いができないことを言いたいならば、支払いに際して「細かい金がないんだ。立て替えておいてくれないか」と言えばこと足ります。もっとも「借りた金は貰った金」というメキシコ人の哲学もありますが。

取り方によれば、不信感の表明とも取れるわたしの言葉を彼らはジョークで笑い飛ばしたのです。その後、わたしたちはこの一件をきれいに忘れて、ピクニックを楽しみました。わたしは招待されたことを感謝し、一〇〇ドル札も無事でした。しかし、わたしの胸の内では、この考慮を欠いた発言に対する後悔の念で一杯でした。同時に、バツの悪い状況を笑い飛ばしてくれた仲間の大人の態度に感謝しました。大人の社会では、ユーモアは、時に苦境を救う清涼剤なのです。

また、底の浅い発言は、その意はなくとも、トゲを含むことを再確認することになりました。自分の発言の真意を知らずに話す人間は、たとえ外国語で話すというハンデを考慮しても、知的な人間ではありません。特に、十分な持ち合わせがあるにもかかわらず、これを〈問題〉と取る考え方は、世界には通じない〈否定的な思考〉です。世界の人間は肯定的な考え方を好むことを身体で覚えるために、その後も「痛い目に遭って覚える」過程が続きました。

10　一体どっちなんだ？

わたしはメキシコ第二の都市、当時は、その美しさで知られたグアダラハラ市で、大学生向けの下宿屋に落ち着きました。下宿屋といっても、情緒ある、中庭の広い、二階建ての典型的なメキシコ建築です。学生を受け入れて、親のように面倒をみるセニョーラは、わたしを優しく受け入れて、二階の一部屋を与えてくれました。わたしは語学学校へ通い、スペイン語のコースをとりました。

この学校が、また、立派で、大きな二階建て（三階だったかも知れません）で、広い中庭では、パーティーの際には、五〇〇人以上が足を踏み鳴らして、歌い、踊ったものでした。先生は背が高く、上品で、教養のある中年のメキシコ婦人で、完璧なアメリカ英語を話しました。生徒は引退したアメリカ人がほとんどで、若者はわたしと、後で友達になるジムの二人でした。なんでもジムは国では教師をしていたそうです。

この年輩者からなるクラスでは、本気でスペイン語を学ぶ意のある者はなく、一種の社交場でした。わたしも、よく、近くのチャパラ湖にある彼らの別荘に招待されました。わたしも人に教わる勉強は嫌いなので、真剣に取り組んだことはなく、むしろ、英語を習いにくる美しいセニョリータたちとクラス外で話すのが目的でした。語学的な環境に恵まれていたので、スペイン語の勉強はクラス外で十分でした。

このアメリカ人ばかりのクラスで、ある日、ちょっとした出来事がありました。先生に指された男性が、そんな難しい問題はできませんよ、と答えたのです。すると先生は、すぐに言い返しました、「できないはずはないでしょう」。そしてつぎのコメントを加えました、「カタノならできますよ」。先生に質問を振られたわたしは即答しました。すると、年輩の生徒は言い返したのです、「だってカタノは語学の天才だから」。皆がいっせいに同調しました。

皆の言いたかったのは「若くて、やる気のある奴と、おなじ取り扱いをしないでくれ」というところでしょう。しかし、わたしにとっては、このコメントは特別の意義を持つものでした。実は、わたしは学校時代は、惨めな英語の落ちこぼれで、屈辱的な立場を強いられていたのです。

一応、進学校に入り、胸を膨らませていた高校一年生のときです。ある日、英語の一斉試験がありました。その結果で、英語のできる者からA、B、C、Dの四つのクラスに分けられました。驚いたことにわたしの名は最後のDクラスまで呼ばれなかったのです。わたしは、この結果を、試験の際に、極度に空腹だったためと自分に言い聞かせ、二年生になれば上のクラスに行くだろうと自分を慰めましたが、その後の三年間、毎年Dクラスに終わったのです。

教える方にとっては、合理的なやり方でしょうが、感受性が強い若者にとっては、このクラス分けは屈辱的なものでした。加えて、初日の授業のときのことです。担当の先生は、なぜか、黙って、ひとりずつ丹念に顔を見渡した後、つぎの言葉を発しました。

——このクラスに語学の天才はいないな。

先生は笑いを誘うつもりだったのでしょうが、追従する者はいません。この先生の言葉は、若者の気持ちを傷つけ、萎縮させるに十分でした。

一度の人生で「語学の才能ではない」という烙印を押されたり、「語学の天才だ」と評価されるのですから人の評価ほど、当てにならないものはありません。わたしは他人の評価は聞き流すようになりました。そうすると、今まで、いかに自分が他人の評価に神経をすり減らしていたかに驚きます。そして、他人の評価を無視することこそ、自由に生きる一歩だとわかったのです。

11　見事な会話術

美しいグアダラハラ市の学校で英語を学ぶ美しい女性たちは、クラスが終わったあと、広い中庭の一角にあるカフェに降りて、コーヒーを飲みながら、英語で会話を楽しみます。最初は、生徒が、みんな、若い女性なのに驚きました。後でわかると、彼女たちは、バイリンガルの秘書になるという目標を持って入学するのです。当時、英語で仕事ができる秘書は、スペイン語しかできない秘書の倍の給料を貰えたのです。

若い魅力的な女性が集まれば、英語を話す若者たちが集まらないはずはありません。わたしも相棒のジムと一緒に、このサークルの常連になりました。若者の間ですから、必然的にカップルができます。わたしもジムも素敵な彼女ができました。わたしの彼女はルス・マリアで、彼女の家族は美容院を経営する上流の端に属する家庭で、金持ちのアメリカ人の多く住むチャパラ湖畔に別荘を持っていました。彼女は金髪だったので、メキシコ語で金髪をいうグエラというニックネームで呼ばれていました。ジムの彼女は父親が工場を持つ金持ちの娘でした。わたしたち四人はよくドライブやピクニックへ行ったものです。また、チャパラ湖の別荘で週末を過ごしました。

さて、メシキコでは、男性は、毎晩、相手の女性を訪問します。しかし、男女交際に厳しい当時のメキシコでは最初からドアを開けて家に入れてくれません。最初の六ヶ月、長い時は一年ほど、親の承諾がでるまで、カップルはドアの外に座って、月を見ながら会話をすることになります。われわれの会話は、最初は英語でしたが、わたしのスペイン語が上達するにつれて、いつしかスペイン語になっていたようです。その方が、ドアの後ろで、われわれの話に聞き耳を立てている親には都合が良かったのかもしれません。

ある晩、彼女のお姉さんが母親と映画から帰って来ました。お姉さんといっても年齢差はほとんどありません。彼女は微笑みながら、近づいてくると、人差し指を立てて、わたしの方に向けて、大きく左右に振りながら、言いました。

——うそ。うそ。(Mentiras! Mentiras!)

母親の方は普通に挨拶をしたのですが、茶目っ気たっぷりの姉の挨拶はこれでした。つまり、恋人同士の愛の囁き、特に、男性が女性の心を捉えるための言葉など、嘘ばかりだと言ったのです。このユーモアのある挨拶は、大胆で、心地よく、新鮮に響いたことを覚えています。

このように、メキシコの女性は、独創的な話術を持つのに驚かされます。学校の中庭の一角で花咲く交際場でも、驚くのは、たどたどしい英語を話すセニョリータたちが、ユーモアたっぷりの大人の会話をすることです。彼女たちの知的な魅力は、外国語を話すことで半減するどころか、むしろ、巧みな機転で、魅力を増す感さえあるのです。外国語を話すことを恥じる気配はまったくなく、むしろ、逆手に取って個性を輝かせているのです。

そこには、独自の個性と知性に輝く、魅力的なラテン・アメリカの女性がいました。また彼女たちとパーティーで夜を徹して話したこともありますが、彼女たちの人生観、特に、人生をあるがままに見る態度に感銘を覚えました。鋳型に嵌まった考え方しかできなかったわたし、鋳型に嵌まった生き方しか知らなかったわたしにとって、彼女たちの、何が起ころうと、個々に、自分の人生を開拓する勇気と、エネルギーには圧倒される毎日でした。

彼女たちは、見せかけ、虚栄、嘘で固めた自画像ではなく、率直に自分を前面に出し、あるがままにモノ事を見て、筋道を立てて、明白に、話すのです。虚栄や見栄が入るものなら、強烈なユーモアとアイロニーの餌食になるだけです。

もうひとつ、挙げたいのは、彼女たちは、一年の秘書科のコースを終えると、つぎの日からバイリンガルの秘書として、立派に仕事をこなすのです。つまり、一年で英語の四機能をモノにしてしまうのです。この事実は、わたしにとって、眼の眩むような、別世界の出来事でした。一年間の学習で、英語を覚えることは、後でわかったことですが、メキシコ人の特技ではなく、インド・ヨーロッパ語を母国語とする人間にとっては、当たり前のことだったのです。

12　だったら、なぜ、英語が下手なんだ？

メキシコ滞在は、夢のようにすばらしいものでしたが、わたしが日本を出るとき持ち出した五〇〇ドルの所持金は心細くなっていました。当時はわが国の外貨保有高は乏しく、日本人が持ち出せる外貨は五〇〇ドルに限定されていたのです。メキシコは働く許可を取るには仕事を持つ必要があり、仕事を持つには働く許可がなければならず、働いて金を貯めることは無理でした。通っていた語学学校で英語を教えたかったのですが、校長からは、働く許可があれば雇うと言っていただきましたが、これは間接的な拒絶です。

メキシコ人と結婚すれば、永住も、働くことも可能です。ジムの彼女から、結婚すれば、二人の合同結婚の費用は持つと提案されました。しかし、わたしはメキシコを離れて、中米に下る決意をしました。友達が集まってパーティーで送ってくれました。

グアテマラ、エル・サルバドル、ホンジュラスと足早に南下し、ニカラグアでわたしの所持金は底をつきました。ところが、うまくできたもので、所持金がまさに底をつく寸前に職にありつけたのです。街を歩いていると、一人の若者に日本人かと訊ねられました。そうだと答えると、つぎの質問は、柔道はできるかでした。高校時代に柔道部にいた体験に救われました。彼は、首都のマナグアに一つしかない、ニカラグアを代表する世界的な詩人ルベン・ダリオの息子が作った道場にわたしを連れていきました。

とにかく、国内の最高位が茶帯で、黒帯がひとりもいない国です。数日後、国に留まって、柔道の指導をしてくれないかと要請されます。喜んでお役に立ちたいが、そのためには仕事が必要だと言うと、何ができるかと聞かれたので、絵心がある旨を伝えました。

実は、日本を出る前に漫画家になるため、当時の漫画界を風靡していた文藝春秋の「漫画読本」の編集部に持ち込んだ作品が認められ、定期的に、作品を持ってきて、見せてくれと言われていたのです。その約束は、海外に出ることで、反故になりましたが、どこで何が役に立つかわからないものです。

道場生の中に新聞記者がいて、翌日、わたしは広告代理店で面接を受けることになりました。ここで英語が身を救うことになります。社長は名家の息子ですが、これも名家の出身の、制作部長のマリオは米国に留学経験があるだけでなく、熱狂的な米国崇拝者でした。広告代理店にもかかわらず、マリオの最初の質問は、当然、英語ができるかでした。その後、面接は英語に変わり、その瞬間、わたしは採用を確信しました。

当時のラテン・アメリカ社会は、上流社会か、下流社会しかなく、中流社会の存在しない偏った社会でした。外国人（欧米人）は、自動的に、上流社会に属します。しかし、欧米人ではない外国人が上流社会に入るには教養が必要です。そして教養を証明するものが英語だったのです。

ここで、また英語の恩恵を受けます。

これは後で体験したことですが、マナグア滞在中の日本人が、あるパーティーで「わたしは東大出だ」と自己紹介しました。世界の主要大学は知っていても、東大を知る出席者はなく、わたしが東大とは日本の最高学府だと説明すると、遠慮なく「それなら、なぜこんなに英語が下手なんだ」と一笑に付されました。この遠慮なく、思ったことをストレートにユーモアと皮肉で表現するのが、ニカラグア人の良いところでもあり、悪いところでもあります。

英語を話す外国人は、自動的に上流社会に属するという当時の風習に、わたしは救われましたが、これは、当時の歴史文化的背景に関係なく、また、ニカラグアという国に限られたものでもないことは、後でわかります。教養のある英語を話すことは、現代でも、またどの国でも通用する、教養の判断基準です。肩書きを偽ることはできますが、言語は偽れません。

ひょんなことからグラフィック・デザイナーになったわたしは、日本から関係書を取り寄せ、猛勉強を始めます。ある日、アメリカ人のジョンとバック（彼らはロスの大学でデザインを専攻した本物のデザイナーです）と一緒に、仕事の後、生活の一部になっていた、マンダリンという高級レストランのバーの一角でポーカーをしているところにマリオが入ってきました。このバーには国の名士が集い、英語が半公用語になっていました。わたしはここで大勢の有力者と知り合いになります。

数日後、社長に呼ばれ、同席のマリオから大幅な昇給を言い渡されます。どうもジョンとバックの給料と、わたしのそれは、かなりの差があったようです。マリオの提案でわたしは彼らに釣り合った給料を貰うようになり、わたしは、本当の意味で、ハイ・ソサイアティーの仲間入りをします。マリオはわたしを祝福した後、これで君も経済的な心配なくポーカーに没頭できるだろうと祝ってくれました。

ニカラグアには同年代の日本人が数人いましたが、実質的に、上流社会の恩恵を受けたのはわたしだけでした。中にはスペイン語が巧みな日本人もいましたが、英語はまったくできず、そのため、最初から最後まで、下流社会の生活を強いられていました。わたしの場合は、英語を話すことが、開運のカギになったのです。

13　社交場で磨く英語力

このマンダリンのバーは仕事外の生活の中心になります。ジョンはわたしの親友になります。横浜に住んだこともあるバックは、なぜか、わたしと波長が合わず、一緒に行動するものの、親交はありませんでした。いま考えると、彼は友達を求めないタイプでした。そのため、おなじアメリカ人のジョンも、わたしとの友好の方が強かったのです。外国では、友好に必要なのは、出身国や出身県ではなく、個人の考え方と生き方です。

またマンダリンの若いオーナーである中国系のフェルナンド・チャンも、年齢的に差がないため、良い友達で、良い相談役でした。彼は、わたしが知るだけでも、英語、中国語、スペイン語を巧みに操ります。彼は若年のため、ホンコン出身の叔父さんが、マネージャーとして仕事を助けていましたが、この叔父さんも英語は上手でした。二人とも、富豪で、教養ある紳士でした。

わたしたちは飲むことより、社交を好みました。つまり、飲みながら会話を楽しむ方でした。このフェルナンドのバーには国の弁護士、医師、建築家、事業家など英語の社交を求める人たちが集まります。アメリカ人とカナダ人は言うまでもありません。英語を話すことは会員証のようなものでしたが、わたしには、それに加えて、柔道という、皆が尊敬の眼を向ける特技がありました。

話は逸れますが、その後、わたしの尊敬する三船十段の愛弟子を称する柔道五段の男がぶらりとやって来ます。彼のワザは眼を見はらせるものがあり、三船十段の得意業である腰車で一五〇キロもある巨漢を右に左に投げ飛ばします。現代柔道では見られない小兵が大男を畳に叩きつける柔道の神髄を見せてくれました。外国には巨漢が多く、わたしも柔道を教え始めた頃は、アメリカン・フットボールの選手だった巨漢が入門してきたりして閉口したことがあります。彼は腕を伸ばしたまま、わたしの胸ぐらを掴むと、そのまま持ち上げられるのです。

柔道をやる連中は、これまた、上流社会の人間でした。わたしが教え始めた頃、レッスン料の高さに驚いたものですが、後でわかると、それは下流社会の人間を入れないためでした。彼らは下流社会の若者が入ると、その情熱と能力に対応する力がないのです。つまり、下流社会の若者たちを恐れていました。革命後のキューバは、この貧乏な若者たちにスポーツの機会を解放しました。彼らのエネルギーと情熱は爆発し、今日のスポーツ大国キューバの基盤になったのは周知の通りです。

この柔道の大先生は英語は元より、スペイン語もできませんでした。その結果、下流の社会に留まり、小さな日本人社会での生活を余儀なくされました。柔道の先生というと、上流社会の、さらに、その上をいく存在です。つまり、医師、弁護士、建築家より尊敬される存在なのです。ところが、彼は、わたし自身引っ張りだこだった生徒のパーティーに一度も呼ばれることもなく、自家用のセスナで狩猟や釣りに招待されることもなく、他の日本人の若者たちと、赤線地域で性の欲望を満たすという生活に留まりました。

さて、フェルナンドのバーでは、自然発生的にポーカーが始まりました。実は、自然発生的ではなく、わたしの提案にジョンが乗り、バックが従ったのが真相だったと思います。ポーカーに関しては、グアダラハラ在中に、セニョリータたちの英語の集会が始まる時間帯まで、毎日、メキシコの下宿屋で学生たちと時間を潰していたので、腕にはかなりの自信がありました。その他に、街の名士が加わって、常に五、六人でやっていました。ポーカーを黙ってするのは、寡黙なバックぐらいで、このポーカーは社交会話を磨く良い機会でした。

ある日、バックがわたしにイチャモンをつけてきました。後でわかったことですが、彼は酒乱の気があるのです。わたしがインチキをしたというのです。二人の議論は昂揚し、感情的な怒鳴り合いになりました。街の名士たちは、カウンターから固唾を飲んで見ています。わたしは激怒して「わたしは一ドルや二ドルのはした金をごまかす人間じゃない」とタンカを切りました。しかし、怒鳴った後、すぐに、冷静につぎのようにフォローすることは忘れませんでした。「百ドル、千ドルなら別だがね」。場が、一瞬に爆笑で包まれ、緊張した雰囲気はほぐれました。これがユーモアの効果なのです。

このポーカー・パーティーは、この後、一流中華料理店マンダリンの名声を落とすという理由で、フェルナンドの叔父さんから体よく追い出されました。これは当然でしょう。飲んで、打って、喧嘩までされたのではたまりません。その後、このポーカー場は個人の家に移り、ジョンとバックは帰国してしまいます。

14 閉鎖的な日本人社会

ニカラグアでは、四人の日本人の仲間と一つの屋根の下に住んだことがあります。さて、この四人との生活ですが、彼らの中で英語を話す者はなく、スペイン語さえ心もとない始末です。言葉ができなければ、その国の社会に入り込むのは難しく、小さな日本人社会を作り、寄り添って生活するしかありません。

この傾向は、どの国に行っても見られます。また、この傾向は大きな国になるほど強く、メキシコ市などでは二つに割れた日本人社会が敵対し合い、どちらかに入ると相手の敵になるというので、日本人社会には入らない方がいいと忠告されたほどでした。さて、ルームメイトたちは日本語の雑誌を読み返し、日本食を求め、日本語の会話に飢えるのです。反対に、わたしは新しい文化と生活、新鮮な発想と思考に魅せられる毎日でした。これは、その国の人たちとの交際を通してのみ可能です。おなじ屋根の下でも、必然的に、わたしの生活は外が中心になります。

ある日、仲間の一人の商社マンが部下からパーティーの招待を受けた模様です。きっと独身者たちに彼女を紹介する目的のパーティーだったのでしょう。日曜日の朝、皆が正装を始めました。そして、わたしに一言もなく、驚くわたしを置いて出かけました。申し合わせた上の行動です。わたしは、この突飛な出来事にあっけに取られるばかりでした。

これが、その後、日本人とつき合うとき、仲間感覚の乏しい者、つまり集団行動を外れる者が必ず受ける〈仲間はずれ〉という罰則です。いわゆる〈村八分〉です。これは誰とつき合っても、国を変えても、時代を経ても、日本人が日本人に課すペナルティーなのです。わたしは親しい仲間たちからこの待遇を受けてビックリしたのを覚えています。

考えてみると、確かに、わたしは一緒に住みながら、一人で行動することが多かったようです。しかし、わたしはパーティーやデイトに行くときは、一言いってから出かけました。また皆を招待しなかったのは、わたしは招待を受ける立場で、招待する立場ではなかったからです。また、たとえ招待できたとしても、言葉ができないため、苦痛な経験をするだけだとわかっている友達を連れ出すことはなかったでしょう。デイトに至っては論外です。

この村八分にされることは、集団行動を生活の基盤とする日本人には死刑に等しい厳しい判決でしょう。しかし、小さな日本人社会に拒絶されても、より大きな当地の社会に受け入れられるわたしには、取るに足らないことです。しかし、呆然としているわたしに、一言も無く、出て行く友人たちの意図は明白で、良い気持ちはしません。

わたしは、一生、この〈村八分〉という恩恵に恵まれています。つい最近、卓球クラブのメンバーとインドネシアに観光旅行に行ったときも、わたしの個人行動が皆の気を損ねたのでしょう、寝不足だったので、飲み会を辞退すると、つぎの日に会費の請求を受けただけでなく、皆の態度が一変しました。わたしが「昨夜は楽しかったかい」と肩を叩こうとすると、無言で身体をかわして、その手を振り払うのです。

この態度に慣れているわたしには、この子供が拗ねたような態度は、むしろユーモアがあり、親しみが持てるようになりました。また、これも外国でよく言われたことですが「奴は日本人じゃない」という軽蔑を含んだ非難があります。このコメントは、外国語を通して、個人の思考と言動の自由を得たわたしには〈褒め言葉〉なのです。わたしは外国語の勉強を通して、自由に行動し、自由にものを言える自分を、自分の力で取り戻したのです。これは、揺るがぬ自信となり、わたしの知的財産となったのです。

15　ソモーサ独裁政権下の生活

フェルナンドのバーを追い出され、ジョンとバックが帰国した後、わたしはアルファ・オメガ社に引き抜かれます。給料も大幅に上がります。このアルファ・オメガ社は独裁者アナスターシャ・ソモーサのプレス関連秘書のイバン・オソリオが設立した若い会社でした。その会社の実質的な経営を任されていたのがセサル・エスピノーサです。セサルはわたしの仕事を評価し、丁重に扱ってくれました。セサルの下には、わたしの上司に当たる、後に親友になるアメリコ・タピアがいました。

独裁政権下で、独裁者側につくと、想像を絶した特権が手に入ります。まず、社長は独裁者を動かして「国家の仕事はすべてアルファ・オメガ社を通す」という法律を打ち立てます。即座に、独裁者側につく企業が同調します。会社の繁栄の基礎はあっという間に出来上がりました。個人的には、セサルはわたしに大統領官邸の電話番号を渡し、困ったときは連絡するよう指示しました。セサルに言わせると、殺人以外ならば、電話一本で解決するとのことです。しかし、これは、わたしを面倒に巻き込みたくないセサルの親切心からの言葉で、実際は、殺人を犯しても問題にならないことは知っていました。もちろん、わたしは人を殺めたことも、傷つけたこともありません。

噂によると、セサルは大学時代は反体制派の闘士だったそうですが、投獄され、拷問に屈して寝返った体制派だそうです。また独裁者が国中に張り巡らせるスパイ網の、俗に〈耳〉と呼ばれるスパイの一人で、しかも、かなりの地位にあったということです。アメリコは自分の信念と愛に生きる人間でした。そのような人間が独裁政権をおもしろく思うはずはありません。彼はセサルを軽蔑し、それを隠そうとはしませんでした。

アメリコは凄惨な環境で育った人間です。まともな人間に育ったのは奇跡と言えるでしょう。彼と、これも自己を捨てて他を愛す彼の妻は、おなじ環境の子供たちをつぎつぎに拾い上げて、育てる天使のような女性でした。これもラテン人の特徴ですが、アメリコは、この政治的な不満や不正をジョークで笑い飛ばす特技を持っていました。アメリコのジョークと子供っぽいイタズラには悪気がなく、苦情を言う者はありません。皆に好かれていました。

普通、拷問の効果は、終わった後、つぎの拷問が始まる間に現れます。つぎに何をされるかを考えて参ってしまいます。現実よりも、自分の想像力に負けるのです。アメリコには拷問は効かないだろうと、わたしは密かに笑いを噛み殺していました。拷問の後、アメリコならば、されたことをつぎつぎとジョークに変えていったでしょう。

わたしはこの生き方に惹かれました。アメリコのように、苦境をユーモアで乗り切る勇気を持てたら、と強く思うようになりました。これが人生で優れた人間に出会う恩恵です。事実、人間は困難に直面すると、泣くか、笑うかしかありません。前者は否定的な態度です。後者は勇気の源になります。ラテン・アメリカでは多くの若者が、この勇気を持っていました。

わたしのユーモアは、社交術から人生観そのものになります。また、単純に笑いを追求するユーモアに、人生そのものに対する皮肉の風味が加わるようになりました。英語の皮肉に当たる言葉は、辞書には「皮肉、嫌み、当てこすり」という和訳が出ていますが、わたしにとっては、否定的な意味はなく、むしろ建設的な意味を持つのです。

帰国後、わたしはベッドの下で探し物をして、起きる際、頭を強打し、左目の中心部分の網膜が飛び出してしまいました。そこで手術を受けることになったのですが、手術後の経過が医師を驚かせます。網膜を眼底に固定するため眼球に注入したガスが消えて無くなっているのです。二度目の手術が行なわれました。しかし、一週間はもつはずのガスが、また翌日には無くなっているのです。後日、第三回目の手術を告げるため、医師が病室に入ってくると、六人部屋は静まりかえり、緊張に包まれました。

医師が申し訳なさそうに、再手術を告げると、わたしは、逆に、医師を励ましました。「大丈夫ですよ。予行演習は十分に積んでますから」。病室に爆笑が巻き起こりました。一つのジョークでその場が救われたのです。これがユーモアの効果です。わたしは、もしアメリコだったら取るだろう言動を取ったまでです。わたしは五年の滞在で、良い意味でニカラグア人になっていたのです。

16　可愛いダニロ少年

わたしは、ある下宿屋に一年ほど住んだことがあります。そこを切り盛りするセニョーラは大きな家を借りて、下宿人を置き、食事、洗濯、掃除の身の回りの世話をしてくれるのです。子供は四人いましたが、末っ子の巻き毛のダニロは、表情豊かな、賢そうな大きな眼をした五歳の少年でした。小学校前の子供とはいえ、ラテン・アメリカではいっぱしの大人です。彼は社交性があり、人見知りをせず、大人の会話ができる、皆に好かれる子供でした。特に、わたしとは馬が合いました。

これは英語圏でもおなじですが、子供は大人扱いをすると、知的成長が早いのです。そのため、子供は幼少時から大人言葉で育てます。また、個人性を摘むことなく、自由に成長させると大人になるのが早いようです。とにかく、ダニロの頭の回転の早さには驚かされたものです。

ある日、ダニロを乗せてオートバイを走らせていると、運悪く警察につかまりました。わたしは無免許だったので、マズいことになったなと思ったつぎの瞬間です。ダニロは後部席から飛び降りると、わたしに一言もなく、警官に語りかけました。

――この人は日本人で、スペイン語がわからないんだ。

前もって、そのような打ち合わせをしていたわけではありません。わたしは、黙ってダニロの機転にすべてを任せました。

警官はしばらくダニロと押し問答をしていましたが、しばらくすると、面倒だとばかり、黙って手で〝行け〟と合図しました。警官も頭の回転は早く、ダニロに「じゃ免許を出して見せてくれるよう彼に言ってくれ」とは頼みませんでした。ダニロはスペイン語しかできず、わたしはそのスペイン語がわからないのですから。角を曲がると、わたしたちは同時に奇声を発しました。

また、ある日は、日本のことに興味津々のダニロに、わたしは少年時代の話をしていました。雨傘の軸を切り、木の把っ手に固定し、自転車のスポークを銛《もり》とし、銛の一方を曲げ、筒の一部をヤスリで削り、ゴムの動力を使って、引いた銛が引っかかる凹みを作り、それを指で外すと銛が飛び出す仕掛けを図入りで説明しました。ダニロは眼を輝かして聞いていています。

最後に、水中メガネを付けて、石の中に隠れている魚を、近距離から、狙い撃ちにするんだ、というところで、晩ご飯を知らせるセニョーラの声が響きました。一緒に腰を上げながら、ダニロはわたしの眼を真っ向から見て、つぎのように言いました。

——今の話、一言も信じないよ。

兄弟よりも仲の良いわたしとダニロです。眼に非難を込めた、この抗議調に驚いてわたしは言葉を失いました。

ダニロが、なぜこのような態度に出たかは、すぐには理解できませんでした。しかし、よく考えると、わたしの話は、ダニロにとっては、明白な論理の矛盾があるのです。二人は〈川〉に対して、共通の概念を持っていなかったのです。わたしにとっては、川は、石底の上を流れる清流です。ところが、ダニロの川の概念は、ゆっくり曲がりくねって平地を流れる茶色の川だったのです。

水中鉄砲の作り方を完全に理解したダニロは、最後の水中メガネをつけて魚を突くというところが嘘であり、そこから今までの話はすべて嘘と決めつけたのです。これは真剣に聞いていたダニロにとっては裏切り行為以外の何ものでもありません。最も信頼するわたしに嘘をつかれたのです。子供扱いにされたのです。怒るのは当然です。悪いのはわたしで、一番肝心の日本の川を、説明しておくべきでした。

英語やスペイン語の特徴である、一歩、二歩踏み込んで聞く態度をダニロは、すでに五歳で自分のものにしていたのです。つまり、学校へ行く前から、スペイン語圏の子供は、思考面で大人であり、さらに、論理の矛盾に対しては、相手が誰であれ、堂々と主張する態度を自分のものにしているのです。

17 走り使いのセバスチャンに笑われる

わたしはアルファ・オメガ社で制作部を任されていました。アート・ディレクターです。ある日、新聞社に資料を届けたメッセンジャー・ボーイが帰ってきました。ところが彼は頭から水をかぶったように濡れているのです。わたしは思わず聞きました。

――外は雨が降っているの？

これを聞くと、メッセンジャー・ボーイは部下たちの方へクルリと向き直り、両手を大きく広げて、大げさに両肩をすぼめるとつぎのように答えました。

――さあ、外は降っているかどうかは別として、内には降っていないようですね。

つまり、わたしが不注意に「外は」という不要な言葉を使ったことを笑い飛ばされたのです。確かに室内に雨が降るはずはなく、雨が降るのは屋外に決まっています。「外は」という言葉は、まったく必要のない言葉です。

この冗長な話し方を義務教育も満足に受けていない走り使いのセバスチャンが指摘するのです。そう言えば、彼らと議論すると、正確に言葉を使うのに驚かされます。彼らは、ごく自然に、言いたいことを的確に表現してくるのです。彼らの言葉使いには、冗長な表現の入り込む余地はありません。これがスペイン語の言語文化なのです。英語とおなじです。

「外は雨が降っていますか？」という表現を、わたしは子供の時から、当たり前に使っていました。学校の先生に「外は」は要りませんよ、と指摘されたことはありません。たとえ学校の教科書に記載されても、文科省の検査は通るし、父兄の間でも、このような日本語は教えないでくれ、という苦情は出ないでしょう。

ところが、言葉を正確に使うスペイン語圏の人間には、たとえ教育を受けていない者の耳にも、冗長に聞こえるのです。このエピソードが示すように、わたしはスペイン語を通して、英語やスペイン語のコミュニケーションの正確さと、同時に、自分の言葉の使い方の未熟さを、これまた「痛い目に遭って覚える」日々が続くのです。

また、わたしがラテン・アメリカでの生活に魅せられたのは、走り使いのセバスチャンが制作部の長であるわたしに、遠慮なく、同等の立場でモノを言える自由な雰囲気です。コケにされたからといって、メクジラを立てるような者はいません。このような大人げない態度は、さらに笑いの対象になったでしょう。わたしは苦笑しながら、セバスチャンの背中に丸めた画用紙を投げつけて、見事に一本取られたことを認めました。

18 マリオの英語メモ

わたしがグラフィック・デザイナーとして働きだした最初の会社 Publicidad Centroamerica に話は戻ります。上司のマリオはジョージ・クルーニーそっくりで、彼を一回り小さく、さらに精悍にしたのがマリオでした。当然、見るだけで、女性の心をとろけさせる生まれつきの特技を持っていました。彼は熱狂的な米国崇拝者でもあり、当然のことながら英語を話しました。

ところがマリオの英語はスペイン語のアクセント丸出しなので、アクセントのないわたしの英語の方が、当然のことながら、高い評価を受けます。そのわたしが、働き始めて間もなく、マリオの英語力に驚かされるのです。デザイン部には、ジョンとバックがいるので大切なメモはスペイン語と英語で回ってきました。

これらのメモを書くのはマリオでした。わたしが驚いたのはマリオのメモが完璧なことです。間違いがない上に、要点を的確につき、簡潔でわかりやすいのです。わたしはメモやレポートを書くことを極力避けて通りました。書くと、スペイン語でも英語でもミスが浮き彫りになるからです。もし、冗長な表現や、不要な言葉を一語でも入れたら、ユーモアたっぷりな仲間に、待ってましたとばかりに餌食にされるでしょう。またポイントを明確に表現しないと、すぐに抗議されたでしょう。

バックはシニカルな男で、人のミスは見逃さない特技がありました。少しでもメモにおかしな所があったら獲物に飛びかかり、敏速に行動したでしょう。ところが、そのバックでさえ、マリオのメモを読み返して、落ち度を見つけられないのです。わたしの英語の方が優れているという自負は消し飛んでしまいました。いざとなれば、本当に頼れるのはマリオの英語の方なのです。わたしの英語は、実用面では、マリオの英語の足下にも及ばないのです。

マリオが完璧なメモを書けるのは、考えてみれば当然で、彼は自国語でも、どこに出しても恥ずかしくない完璧なメモを書く能力を持っているのです。スペイン語圏の人間は、英語さえできれば、たとえば、アメリカへ行った際、知的な会話を楽しむこともできれば、いざという時は、的確なコメントを出したり、即興のスピーチをうまくこなすこともできるのです。つまり、英語圏とスペイン語圏の人間の間には思考面での優劣差は存在しないのです。あるのは共通性だけです。わたしが英語とスペイン語を通して体験し、今でも時に悩まされる、思考・発想面での壁はないのです。

またスペイン語と英語の間には、おなじヨーロッパ語なので、相互理解の橋がかかっているのです。たとえば語源を共有する言葉が多く、難しい医学用語や学術用語になると、少し発音が違うものの、ほとんど変わりません。メキシコ人の患者は、英語はできなくても、医師の診断書を見れば一目でわかるのです。これがスペイン語をはじめ、ヨーロッパ語を母国語とする人たちが、短期間で英語をモノにし、自信を持って使う理由です。

これらはマリオに絶対的に有利に働きます。わたしの英語の優勢は崩れました。実際に、コミュニケーション能力に関しては、マリオの敵ではなかったのです。自分の英語が、ペラペラ屋さんの域を出ていないことを自覚する辛い現実を見せつけられました。しかし、不思議なのは、わたし以外の人間はマリオのアクセントのため、わたしの英語の方が優れていると考える者が多いことです。この事実は、一般の人の評価は、特に語学に関しては、実に頼りにならないということです。

19　地団駄を踏む横田さん

当時のマナグアといえば横田さんを抜かしては語れないでしょう。日系一世で自動車修理工場を営み、ニカラグアを訪れる日本人は必ず一度は食事に招待される、ニカラグアの名物男です。わたしがメキシコにいる頃から、この横田さんの話を聞きました。ニカラグア滞在中は、よくピックアップ・トラックで温泉に連れて行ってもらったものです。

その横田さんに初めて夕食を招待された時の出来事です。食事中に横田さんはニカラグア人の奥さんと些細な口論を始めました。口論の内容は覚えていません。取るに足らないことだったと思います。口論が続くと、彼は立ち上がり、食卓から離れ、両手を頭の上に振りかざすと、思い切り子供のように地団駄を踏み出したのです。屋根が崩れ落ちるのではと思われるほどの勢いです。食事どころの話ではありません。わたしは横田さんが憤死するのではないかと思いました。

わたしには、この老いた日本人の行動は痛いほどわかります。ラテン・アメリカ人は、英語圏の人間に劣らず、議論の達人なのです。議論の鉄則は二つあり、一つは感情的にならないこと、もう一つは論理的に攻めることです。この点を身につけているニカラグア人は、語気は強めても、感情的に自分を見失うことはなく、時には、ユーモアさえ加味する余裕を示します。それに反して、よく日本人は、議論に入ると、すぐ感情的になったり、相手を論理的に説得することが苦手で、持論をシツコく繰り返すことしかできない人が多いのです。わたしもその一人でした。酷な見方をすれば、横田さんの地団駄は、その一歩、一歩が、自分の言語使用の未熟さに対する不満と怒りの爆発だったのではないでしょうか。

これはわたしの想像ですが、横田さんは結婚して以来、喧嘩をする度に、奥さんにやり込まれてきたのでしょう。つまり、言葉のぶつかり合いでは奥さんの相手にならなかったようです。横田さんの言い分が正しいときも多々あったはずです。しかし、それを正しく筋道を通して言わない限り、正論にはなりません。論理性がなければ、正当性を伝えられません。逆に、非論理的な点を突かれます。

日本人は、総じて、この論争力で劣るようです。これは論争を嫌って避けるからか、下手だから論争を避けるかは、卵が先か鶏が先かの議論になりますが、わたしも外国で議論をするとき、技術的に未熟であり、この点でも「痛い目に遭って覚える」を実行しました。

それに対して、ラテン・アメリカ人は、米国人とおなじように、子供の時から議論をしながら育ちます。議論に対して否定的な態度を持ちません。正しい議論は、必ずしも人間関係を壊すものではなく、人間関係を築く上に必要なものと考えます。わたしも、この議論する社会に魅せられました。そして議論を通して、多くの真の友達を得ました。わたしたちの結婚生活に関しても、幸せな結婚が半世紀近く続くのは、時に、わたしたちは夜を徹して議論するからです。議論は相互理解を深めるだけではなく、信頼、尊敬、愛を強化するものです。夫婦関係だけではなく、議論をしない人間関係は冷たいものです。要は、議論の〝方法〟の問題だと思います。

20　横田さんの悲劇

横田さんは良い人でした。しかし、横田夫妻は子供に恵まれませんでした。そこで、つぎつぎと養子をもらい、育てるのですが、その子供たちは、成長すると、家出して、寄りつかなくなります。日本人の間では「つぎつぎと子供たちに裏切られた」という表現をします。やっぱり血のつながりのない子供はダメだと同情する人もいます。そこには、何か人種の違いを遠回しに当てこする響きが感じられます。

わたしも最初は横田さんの不運の原因がわからず、何人も子供を育てたにもかかわらず、家業を継ぐ者がなく、老いた身で、孤独な横田さんに少なからず同情したものでした。そして、家を出て、自分の選んだ女性と家庭を持ち、寄りつかない息子たちに、横田さんは、どのような感情を持っているのか聞く機会もなく、また個人的な問題を話し合う間柄でもないので、本当の理由はわかりませんでした。

海外の日本人は、同国人に親近感を持つようです。また同県人に、より親近感を抱くようです。また回りに日本人がいないときは、韓国人、そして、つぎに中国人に親近感を持つようです。同県人で、さらに、出身校がおなじだったりすると、まるで血のつながった親族のような親近感を持つようです。もちろん、この傾向はユダヤ人にもアラブ人にも中国人にもアメリカ人にも、程度の差こそあれ、あらゆる民族に共通する傾向です。この同国人で固まる傾向は、言葉が大きな要素です。

ユダヤ人やアラブ人はすばやく言葉と文化を吸収してその国に同化します。中国人は、言葉の違いが大きいせいでしょうか、その点で遅れを取るようです。英語圏の人間をみると、住む国の言葉にはいっさい興味を示さず、一生英語で通す人がいます。また住む国の言葉を覚えて、その国に順応する人もいます。理由はともあれ、海外に住むとき、その国の言葉を覚えることは、単純に〝便利だ〟という域を越えた、新しい生き方を学ぶことで、言葉ができないと、どうしても、その国を表面的に、また、独断的に見る傾向に走りがちです。

また、言葉を覚えることは、その裏にある思考と発想を覚えることです。新しい思考・発想を身につけることは、多くの日本人が恐れる、自分のアイデンティティーを失うことではなく、豊かにすることなのです。逆に、その国の言葉と、文化、思考と発想を覚えずに、自分の文化と思考・発想を押し通すことは、時に、悲劇を生むことになります。

後でわかったことですが、横田さんの家には使い古した杖があります。しかし横田さんは歩くとき杖を使わないので、不思議に思ったわたしは、ある日本人から、これは横田さんが若いときから子供に自動車修理を教え込む時に使い、今でも使う〝ムチ〟だということを聞かされます。これでわたしにはすべてが理解できました。これは、横田さんにとっては〝愛のムチ〟であり、子供にとっては〝屈辱のムチ〟だったのです。

愛のムチとは、よくわが国では子供の勉強や、特に運動の才能を伸ばす時に使われる肉体的、また精神的な暴力を言います。また、この愛のムチは、抽象的にも使われ、わたしも、若い、感受性の強い心が、凍りつくような言葉を先生や先輩から頂戴したことがあります。わたしの反応は、よし頑張ろうではなく、人間は、どうして、ここまで相手の気持ちに冷酷になれるのだろうでした。日本を出てからは、よく相手に間違いを指摘されました。それは、すべて、本当の愛から出たものでした。彼らの〈愛のムチ〉は、苦痛という肉体的、精神的な屈辱を伴いません。愛の〈ムチ〉とは言葉の喩えであり、本当の〝ムチ〟であっては困るのです。

親に捨てられた子供は愛に飢えています。横田さんは愛の表現に器用な方ではなかったことは容易に想像できます。言葉の欠如が、愛よりも規律を教え込むことになったことも想像できます。そして、仕事を教える時に不可欠な言葉による説明がうまくできないと、自分の説明不足を、相手の理解不足に置き換えることはたやすいことです。

自分の正当性を言葉にできず、その悔しさを地団駄を踏んで表す、感情的な横田さんは、自分の説明が通じない子供にムチを振るうという行為にでたのでしょう。

子供は愛には応えます。もし、この杖が本当の意味で愛のムチだったら理解するものです。この子供にとって屈辱で、不条理の象徴である〝ムチ〟が置いてある家から出たい、そして家出したあと、家に足を踏み入れたくないのは人情でしょう。わたしの憶測は間違っているかもしれません。本当に悪いのは息子たちかも知れません。しかし、いまだに、陰で、母親とは連絡し合っている息子たちを知ると、横田家の悲劇は、一方的に、息子たちが起こしたものとは思えないのです。

21 忘れたからですよ！

走り使いのセバスチャンからは本当にいろいろなことを学びました。エピソードをもう一つご紹介しましょう。ある緊急な用事を頼んだ時のことです。漫画を読んでいるセバスチャンを見つけたわたしは心配になって、仕事は新聞社へ届けたかどうか確認をとりました。すると、恐れていた「まだです」という返事が返ってきたのです。

午前中に届けなければならない仕事なのは言っておいたはずです。わたしは怒りを爆発させて怒鳴りました。

——何で届けなかったんだ！

セバスチャンはキョトンとした表情をしています。

——何で届けなかったんだ！

わたしは再度声を張り上げました。

セバスチャンの返事は信じられないものでした。

——忘れたからですよ。

この返事に、わたしは逆上しました。気がついた時はセバスチャンの襟首を掴んで、彼のオートバイまで引きずっていました。この出来事は、思いがけない結果を生むことになります。翌日の仕事はすべて停止され、社員は社長室に集合させられました。そこで、社長からこの暴力事件が取り上げられたのです。このような臨時召集は、わたしの滞在中、最初で最後でした。この経験を通して、自分の暴力性と、また決して暴力は許容しない社会を知りました。

この体験は今までの常識をひっくり返すものでした。非難されるのは任務を果たさないメッセンジャー・ボーイではなく、その非を叱咤した上司なのです。考えると、わたしがセバスチャンに暴力を振るったのは反省すべきです。しかし、それは仕事に対する責任感がそうさせたので、非難されるべきは責任感のないセバスチャンの方だというのが、わたしのそれまでの考え方でした。

このラテン・アメリカ式思考法も、わたしは後に理解するようになり、セバスチャンの態度も理解するようになります。わたしは二つの思考法が対立するとき、自分が教育を受けた方を、頭から正当化しないようになっていました。つまり、相反する考え方に接しては、自分の眼で見て、自分の判断でどちらが正しいかを決めるまでに成長していました。言語面で〈学ぶ態度〉を育てると、別の面でも〈学ぶ態度〉が育ちます。これが外国語に限らず、モノ事を習得する過程で刈り取る大きな収穫でしょう。

セバスチャンに対するわたしの態度は、暴力に頼るという最も未熟なもので、管理能力の不足を露呈しました。わたしは、常に、彼を若年のメッセンジャー・ボーイとして上からの目線で接していたのです。これは、平等を目標とする国の人間には受け入れられない鼻持ちならない態度です。それ故、わたしは彼に好かれなかったのです。もし彼がわたしに好意を持っていたら、彼はわたしの緊急な仕事にすぐに反応していたでしょう。

また、この出来事は、わたしの話し方の未熟さも露呈しています。セバスチャンを驚かせたのは、わたしの「なぜ言われたことをしなかったんだ」というコメントです。問題解決に際して、過去を掘り返しても、意味がありません。英語でも「だからそう言っただろう」という過去に戻るコメントは控えるのが教養です。このような言葉を口にすることは自分の正当性を強調し、相手の落ち度を浮き彫りにするだけで、問題の解決には何の役にも立ちません。

優秀な上司ならば「それでは今すぐ行ってくれ」と問題の解決の方に頭を切り替えるはずです。これが管理能力です。「なぜしなかった?」というコメントを、セバスチャンは、当然、質問と取りました。そして「忘れたからですよ」と素直に答えたのです。セバスチャンが即答できなかったのは、質問の意図がわからないからです。このような問題解決に何の役にも立たない愚問に接して戸惑ったのです。正しい思考と言語の使用を知らないわたしを上司に持ったのがセバスチャンには悪夢だったのです。そうでなかったら、彼はこのような愚問は一生耳にしなかったでしょう。

セバスチャンの答えは、正直で、論理的です。問題は答えではなく、「なぜしなかった」という、愚問の方なのです。感情的にこのような質問をくり返す者は、いま考えれば、相手の尊厳を傷つけ、思いやりを欠くだけでなく、相手を傷つけようとする〝鼻持ちならない〟意図しかないのです。とても知性的な言葉ではありません。ここでも、わたしは「痛い目に遭って覚える」をくり返すことになります。

後日談になりますが、この翌日、わたしはジェネラル・マネージャーのセサルから、制作部から一歩も出るなと足止めを食います。後で聞いた話ですが、セバスチャンの父親が会社に乗り込んだということです。父親は対応したセサルに、わたしがセバスチャンと同年齢ならば話で済ませるが、年上ならばこれで片をつけると、受付のカウンターに拳銃を置いたそうです。

結局は、裏の政治力もあるセサルの説得と脅しが効いたようで、父親は帰っていきますが、ここでも、個人の暴力は決して許さないという姿勢がわかります。わたしがしたことといえば、セバスチャンの襟首をとって廊下を二、三歩引っぱっただけで、殴ったわけでも、蹴ったわけでもありません。しかし、わたしの行動はセバスチャンの個人の尊厳を踏みにじるもので、許せないのです。ましてや、上司の地位を利用して、このような蛮行にでることは許せるはずがなく、セバスチャンの父親は自分の命とひき換えても息子の名誉を守ろうとしたのです。

そういう眼で見直すと、確かに、ジェネラル・マネージャーのセサルは配下の者に接する態度が違い、肉体的な暴力はもとより、言語による暴力も見られません。部下の失敗に際して、落ち着いた、常に建設的な態度でのぞみ、最善の解決法を考えます。時にはその忍耐力とプラス思考には感心します。これが大人の態度だと、学ぶ毎日でした。

職場を米国やヨーロッパに移しても、セサルは立派な重役として通るでしょう。一方、命令を無視されて感情的になり、意味のない質問をくり返すだけで、何の解決法も生み出せないわたしは、それまで人生で身につけたのは英語だけで、しかも、話術も思考も不備だらけの、人間的にも未熟で、鼻持ちならない奴だったのです。この人間的な欠陥を一つ一つ愛をもって更正してくれたのがラテン・アメリカの友人・知人たちでした。それができるのは、彼らが〈人間は平等である〉という基本的な観念を持っているからです。それに反して、わたしは走り使いのセバスチャンを、社会的な地位と、若年ということから、下に見ていたのです。彼らにとって命より大切な〈個人の尊厳〉を傷つけたのです。この人間を上下に割って接するわたしの態度は、人間として誇れる態度ではありません。

22 それは〝愛〟ですよ

英語やスペイン語の背後には〈もの事をあるがままに見よう〉とする態度があります。これはもの事を正しく理解するには必須ですが、厳しい見方です。たとえば自分と向き合い、自分をあるがままに見られる人が何人いるでしょう。この見方に耐えられない人は、より容易な〈もの事を自分の見たいように見る〉ことになります。

このわたしも、もの事を自分の見たいように見る人間でした。この点でも、わたしはラテン・アメリカの友人から学ぶことになります。本当の友人とは、臆せず欠点を指摘してくれる人です。その点、おかしいと思うと、率直に、正直に、その点を指摘してくれる友人・知人こそ、本当の意味で、わたしのことを思い、愛と尊敬をもって、至らないわたしを少しずつ正しい思考・発想の道に導いてくれた人たちと言えるでしょう。

わたしは、その当時、仕事が終わった後、空手を教えていました。コスタリカで道場を開いて教えるKさんに師事し、ニカラグアへ戻ったとき、ニカラグアでの普及を頼まれたのです。生徒の空手に対する純粋な情熱は、想像を絶するもので、わたしも、少しでも彼らの熱意に応えようと一生懸命でした。ある日、練習後、熱心な生徒が、わたしの家で話を弾ませていました。彼らはあらゆる機会に空手道の生き方を学ぼうとするのです。当時、わたしは結婚したばかりで、話はわたしの新婚生活に振られました。

わたしは妻の優しさと思いやりの深さを語っていました。

――食事中にわたしが眼を離すと、わたしの好物が彼女の皿からわたしの皿に移っているんだ。自分の分を、わたしに気づかないように食べさせようとするんだ。

みんな、うれしそうにうなずいています。彼らはこのような肯定的な話を好み、〈うちの愚妻は……〉などという否定的な表現にアレルギー反応を示します。まして、心と裏腹な表現は嫌います。

――彼女はまさに大和撫子だよ。

わたしは最大の褒め言葉で締めて、大和撫子の説明を始めると、最後まで聞かず、ウォルター・ナバスが言葉をさえぎりました。

――師範、それは愛ですよ。

わたしは雷に打たれたように絶句しました。何という率直なものの見方でしょう。そして、この〈もの事をありのままに見る〉という態度が、英語やスペイン語の思考の基盤だとわかっていても、どうしても自分の見たいようにもの事を見てしまう自分に呆れ返ったものでした。

事実、優しさ、思いやりの深さは日本の女性だけの特性ではありません。また女性だけのものでもないはずです。それなのに、愛の深さを表現するとき、あたかも、それが日本女性だけが持つ徳であるかのような表現をすることは、もの事を見たいように見る人間でなければできないことです。ましてや、人間の本質に関することを、外国人の前で、日本人だけが持つ徳であるかのように言うのは鼻持ちならない愚行です。

しかし、このうがった見方を、即座に直してくれるのが彼らなのです。そこには遠慮も、恐れもなく、あるのは真実に対する敬意だけです。この彼らの生き方にわたしは魅せられました。そして彼らが持っていてわたしにないものを見いだすようになっていきます。それは個人の尊厳と、自分の信条を持って生きることです。わたしが持っていたのは、日本人としての誇りと、日本社会の通念に沿った生き方でした。日本人として生きる道はわたしが選んだのではありません。そのように教育されたのです。海外の体験は、わたしに〈人間として生きる〉という別の選択肢を与えてくれたのです。

個人の尊厳と、自分の信条で生きることは、本当の意味で、人生を生きることです。人生は苦難の連続です。その人生で個人の尊厳と、自分の信条を押し通すことは、時に、人生をさらに厳しいものにします。しかし、これは自分を取り戻し、自分の人生を生きるためには欠かせないことです。そして、これに「あるがままにもの事を見る」態度が加わって、初めて自分とそれを取り巻く世の中が見えて、初めて、自信が生まれ、自分に自信が持てることで、初めて、他人に対する思いやりが生まれるというのが、ラテン・アメリカの人たちとの交流でわたしが教えられた最大の教訓です。

23 こんなに精神的に強靭な人たちがいるのか？

さらに日本を出る前に、わたしは貴重な体験をしています。アメリカ人の友人ナイルから、知人の知人が日本へやって来るので会いにいこうと誘われました。この若者はまだ着いたばかりで荷物をスーツケースから取り出しているところでした。彼は大切そうに枠に入った写真を取り出し、机の上に置きました。それは若い美しい女性の写真でした。わたしは、その美しい女性は誰だと聞きました。

彼の返事は信じられないものでした。ガールフレンドだと言うのです。申し遅れましたが、彼は小児まひの後遺症で成長が遅れたのでしょう、身体が小さく醜く変形しています。わたしの反応は「なぜこの男がこんな美しい女性を獲得できるのだろう」でした。わたしが言葉につまっていると、ナイルは平然と聞きました。

――なぜ君がこんな美しい女性をガールフレンドにできたの？

この単刀直入な質問に、わたしは肝をつぶしました。ところが相手は、これまた平然と答えるではありませんか。

――肉体的な優秀性に惹かれる女性もいれば、知的な優秀性に惹かれる女性もいるさ。

わたしはこの二人のやり取りに圧倒されました。その後、何事もなく話題は変わり、会話は続きました。

このような状況では、たとえ強い疑問を感じたとしても、わたしには、正面切って、その身体でなぜ美しいガールフレンドができるんだ、とは聞けません。そのような質問は相手を傷つけると考えるからです。しかし、ナイルはその疑問をすぐに言葉にしました。わたしが驚いたのは、相手の返事ではなく、むしろナイルの態度でした。そしてアメリカ人は、相手に対する思慮を欠く人種だと自分を納得させました。

しかし、現在のわたしはこの出来事を理解できます。そして、ナイルを思慮を欠いた人間と決めつけるより、むしろ正直で、思いやりのある人間だったとわかるようになりました。ナイルが疑問を言葉にしたため相手は自己弁護をする機会を与えられたのです。

またナイルが臆せず疑問をぶつけたのは、相手を精神的に強い人間と考えるからです。一方、質問を押し殺したわたしは、相手は、自分とおなじような弱い人間で、質問が相手を傷つけると考えたからです。海外生活を通して、わたしが学んだことは、わたしが知り合った人たちは、わたしの二倍も三倍も強い人間だということです。そして相手を弱いと考えて、率直な疑問を控えることの方が、逆に、相手に失礼な態度だということです。このような腫れ物に接するような態度では真の人間関係はできません。真の人間関係は言いたいことを言える関係です。もちろん、これは程度の問題ですが、相手を弱いと考え、言いたいことも言わない人間、相手が聞きたいことばかりを聞く人間は、正直な人間とは言えない、というのが、わたしが米国と中米の友達から学んだ教訓です。

事実、言いたいことを口にできない社会よりは、言語の社会的な抑制から解放された社会の方が住みやすいものです。そのためには自分も精神的に強くなる必要があります。また賢くなる必要もありました。前の例に戻ると、ハンディキャップを持つ彼は「僕の彼女さ」と答える前から、わたしが懐疑心を持つことは予測しています。その後に続く沈黙で「嘘をつけ」というわたしの気持ちは筒抜けです。それに反して、ナイルは率直に反応して相手に自己弁護の機会を与えたのです。結果的に、わたしの態度は正直な人間関係を生むものではなく、ナイルの態度こそ率直な人間関係を生むものだったのです。結果的に、これが彼に会った最後になりました。一方、ナイルには、これが友好の始まりになったのです。

24　商談入門

会社を離れて、わたしは個人的に仕事を依頼されるようになります。ある時、あるビジネスマンから商店の看板の依頼を受けます。彼はアラブ人で、生地の店を開いたところでした。ラテン・アメリカ諸国では、アラブ人は、布の行商から始まって、お金を貯めて、店を開くのです。

わたしは依頼通り看板をデザインして持っていきました。作品を見ると、彼は頭を抱えて「オーノー！」と叫びます。そして「これはわたしの依頼したものと全然イメージが違う」と、まるでゴミ箱に投げ捨てんばかりです。わたしはこの過剰な反応に驚き、こんな奴とビジネスをするのは沢山だという気になりました。

それでは別のデザイナーに頼んでくれ、と店を出ようとすると、突然、彼はガラリと態度を変えて言います。「その看板は置いて行ってくれないか」。わたしはすぐピンときました。相手の意図が読めたのです。つまり、彼はわたしのデザインが気に入っているのです。しかし、デザイン料を値切ろうとしているのです。

〈アラブ商人の歩いた後には草も生えない〉という諺があります。彼は正にこの諺通りの男でした。彼らは日本人がヤワな交渉相手だということは知っています。またわたしのデザインは、他の店では使い道がないことも知っています。そして最初に脅かしておけば、作品を置いて行くだろうと読むのです。まさに彼の読み通りで、プライドを傷つけられたわたしは、感情的になり、彼の罠にかかるところでした。そうはさせじと、わたしは作品をわし掴みにして帰ったことを覚えています。

その後、街で出会うと、彼は悪げもなく微笑んで挨拶するではありませんか。あの時は商談が成立しなくて残念だったね、と言わんばかりです。一方、厳しい顔つきのわたしはいまだに感情が尾を引いているのです。これは、言うまでもなく、わたしの幼稚さを暴露しています。

わたしがもう少し大人だったら、商談は始まったばかりだったことに気づいたはずです。それにもかかわらず、感情的になり、それじゃ勝手にしろと腹を立てるのは、大人げない態度で、事実、その幼稚な態度が、一銭の収益もあげられない結果を生んでいます。もし、わたしが大人だったら、相手のハッタリを冷静に見抜き、置いて行っても良いが、タダでは置いて行けないよ、といくらかの金額を手にしていたでしょう。たとえ、それが想定したデザイン料より低いものでも徒手で帰るよりはましです。

しかし、わたしが商談をぶち壊したため、気に入った看板を手にできなかったアラブ商人を同情する必要はありません。彼流の商談が、感情的で、子供っぽい日本人のわたしに合わなかっただけの話です。それは笑顔で挨拶したことでもわかります。また、相手はしたたかな読みをしているのです。気に入った看板を手にできなかったと言っても、一〇〇パーセント手にしなかっただけで、八〇パーセントは手にしているのです。腹が立って見に行く気もしませんが、彼は、商談が破綻した場合のことは想定済みで、いざという時のためにわたしのデザインを記憶しているはずです。彼の店に行けば、彼が記憶をもとに看板屋に描かせたわたしのデザインそっくりな看板が掛かっているはずです。

商談には言葉は必須です。しかし、言葉だけでは商談はできません。一歩、二歩、三歩と言葉の奥に踏み込んで、冷静に相手を読み取ることが必要なのです。感情的になると、観察力は曇ります。子供っぽい交渉相手は相手を読めず、冷静な相手の前に丸裸になります。この交渉上の駆け引きを、また、わたしは「痛い目に遭って覚える」ことになります。

25 商談のコツを覚える

アート・ディレクターになったわたしは、その後、他社へ引き抜かれ、給料も倍増しますが、腰は落ち着かず、四年後に、知人や友達と別れ、隣国コスタリカへ向かいます。その頃になると、わたしはスペイン語に不自由を感じなくなっていただけでなく、重要な取引も対等にできるようになっていました。それまでのラテン・アメリカの四年以上の滞在の賜物です。「痛い目に遭って覚える」が実をむすんできたのです。

さて、ホテルに落ち着くと、まず電話帳で広告代理店を探し、売り込みを始めます。幸いに、グラフィック・アーティストを求めていた会社があり、早速、面接が決まりました。これはカストロ政権に失望して、中米に亡命したキューバ人が経営するPublicidad Moderna社でした。アメリカ資本が無尽蔵に流れ込んでいた、革命前のバティスタ政権では、広告技術が米国並みに発達していて、亡命キューバ人はグラフィック・アートの面で高度の知識を身につけていたのです。

面接では、挨拶が終わると、すぐ本題に入ります。わたしの経歴を聞いた後、社長と、これも亡命キューバ人ですが、アート・ディレクターがわたしの以前の作品を要望します。これも想定済みです。そこでわたしは作品は持っていないと言います。技術的に進んでいる国で作品を見せても、決して有利に働かないからです。それではと、彼らは二週間のテスト期間を申し出ました。わたしは四週間にしてくれと要求します。採用は四週間後に決めることになりました。給料は、国の経済を反映して、ドルに換算すると、前の半分です。

一週間経つと、社長に呼び出されて、採用したい旨を知らされます。わたしは即座に言い返します。試用期間は四週間と決めたはずです。最初の契約を守っていただきたい。社長のガビランは少し考えた後、承諾します。一ヶ月後、わたしはすべて知りたい情報を手に入れます。会社がわたしの仕事に満足しているだけでなく、会社の経営状態がよく、人手不足なこと。この国では、どの位の生活費がかかるかなどです。

正確に一ヶ月後、わたしは社長室のドアをノックします。そこで、わたしはまず試用期間を与えてくれたことを感謝し、一ヶ月楽しく働かせてもらったことを感謝します。しかし、残念ながら今回の話はなかったことにしていただきたい、と申し出ます。これを聞いてガビランは、当然なことですが、わたしたちも君の仕事に満足している、それなのに、なぜ辞めるのだと驚きます。

ここまでは想定通りです。わたしの返事はつぎの通りです。この一ヶ月は、わたしにとっても貴社の環境を見る機会でもありました。わたしは環境には満足しています。しかし、今の給料ではとても生活していく自信がないことを言います。実は、今の給料は決して悪くはないのですが、それ以上貰うことができたら、それに越したことはないのです。後日、ガビランから新給料の知らせがあり、わたしはその後、前の国の以前働いていたアルファ・オメガ社に再ヘッド・ハントされるまでコスタリカで二年間働くことになります。

これが英語やスペイン語の〈商談〉なのです。わたしが二週間の試用期間を四週間にして欲しいと申し出たのは布石があったのです。またガビランはこの延長された試用期間を忘れていたかのように振る舞いましたが、実は、そんなはずはなく、その期間、わたしの前の会社での仕事ぶりから給料、それに一番重要な関係者の評価に至るすべてを調べ上げているはずです。そしてわたしの昇給は正当だと内心思っていたはずです。

商談とは、お互いの言い分を述べて、譲歩できるところはすることです。以前のわたしならば、黙って相手の提供を受け入れていたでしょう。そうすると、給料に不満を持ちながら働くことになります。この不満はわたしにとって決してプラスには働かないのです。わたしの二年間のサンホセ滞在も楽しいものにはならなかったでしょう。ある意味で〈もの言えば唇寒し〉の世界から来たわたしは、このラテン・アメリカの滞在で、〈物言わざれば懐寒し〉に入ることを学んだのです。

26　アーリーンの逆襲

デザイン部にはアーリーンがいました。彼女は米国人でありながら、不思議なことに、絶対に英語を話さない変わり者でした。わたしもアーリーンの生き方を尊重して、その後、英語で話したことは一度もありません。彼女のスペイン語は英語のなまりが抜けず、そのため、常に「スペイン語を話すアメリカ人」の域を出ることはありませんでした。それに対してアクセントがないわたしのスペイン語の方が、誰の目にも一枚上でした。

デザイン部で働く五人は、それぞれ国籍が違い、まるで国連総会の様相を帯びていました。しかし、いま考えると一つの家族であり、喜びと悲しみを分かち合った懐かしい連中です。プラハの春に、目の前で、進行するロシア軍の戦車に母親がひき殺されたとき、まだ子供だったステバンは、その時の後遺症から抜け出せず、慢性の精神障害を持ち、毎日、掌一杯の薬を飲んでいました。薬のせいで動作がスローな上に、容姿がフランケンシュタインの首からボルトを外しただけのステバンは皆に怖がれていました。ところが、心は純粋で、優しいのです。

その他で忘れられないのはファビオです。彼は日に焼けた金髪で、若いときのロバート・レッドフォードを渋くしたような美男子です。牧場主であり、週末はカウボーイ、週日はグラフィック・デザイナーという変わった生き方をしていました。ある月曜日、着替える間がなかったのでしょう、長い足にブーツを履き、カウボーイ・ハットを頭に出勤したファビオを見たとき、わたしはこれ以上の良い男はこの世にいないのではとさえ思ったほどです。ところが本人は少しも自分が良い男だとは思っていない、謙虚で、寡黙な男でした。わたしも彼とは仕事の上でしか話したことはなく、田舎の牧場主が、なぜ、都会のデザイナーになったかは、最後まで知るよしもありませんでした。

本題に戻りましょう。ある日、珍しくわたしたちは雑談をしていました。話題は覚えていません。アーリーンは不意にわたしに質問をしました。「なぜあなたは冠詞を抜かすの？」これは罪のない質問ですが、わたしにはグサリと刺さりました。この指摘は、反論の余地がないのです。日本語は名詞を裸で使い、冠詞と数の概念の枠組の中で名詞を使うという言語機能を欠くため、いくら流暢に話しても、時に、冠詞を抜かすのは、避けられないのです。

一方、英語を母国語とするアーリーンは、名詞を使うときは、冠詞と数の概念は切り離せない。つまり、母国語にスペイン語とおなじ言語機能があるので、正確に冠詞を使えるだけでなく、わたしが冠詞を抜かす度に首をかしげるのです。考えてみると、デザイン部で冠詞を使わない母国語を持つのはわたしだけでした。わたしを除いては、全員がヨーロッパ語を母国語とする人たちだったのです。

この体験を通して、わたしはスペイン語の冠詞の使い方は、英語の冠詞の使い方とおなじであり、その冠詞の使い方は、ステバンのチェコ語とも共通すると気づくのです。その他の言語機能に関してもおなじことが言えて、たとえば、条件文を母国語に持たないのはわたしだけです。これは仕事に例えれば、シンメトリー感覚を持たずにデザインをするようなものです。

わたしの「冠詞と数の概念」は勉強して身につけたものです。それに反して、アーリーンのそれは身に備わったものなのです。その他の言語機能についても、わたしのは学んだもの、つまり後天的なものなのに反してアーリーンのそれは先天的なものなのです。このためアーリーンは、言語の正確な使用という面で絶対的な有利に立ちます。しかし、発音がよりスペイン語に近いため、わたしのスペイン語はすばらしく聞こえ、アーリーンのスペイン語はわたしの足下にも及ばない印象を与えるのですが、正確さという点では、わたしのスペイン語は彼女の足下にも及ばないのが事実なのです。

その後、わたしは冠詞と数の概念を勉強し直すことになります。最終的に役立つのは文法書ではなく、自分の体験から生み出す文法なのです。英語の文法書も、スペイン語のそれも、ヨーロッパ語を母国語とする生徒のために書かれています。わたしが必要とするのは「日本人のための冠詞と数の概念」でした。これは販売されていないので、自分で作るしかありません。また、英語の冠詞の使い方を身につけることはスペイン語のそれを覚えることで、その逆もしかりなのです。ここでも、わたしは「痛い目に遭って覚える」を続けることになります。

27　アルフレッドの機転

コスタリカでもわたしはすぐに多くの友達に恵まれます。まずドイツ人のアルフレッドとオランダ人のフランツです。わたしたちは、後に〈三悪〉と呼ばれましたが、仲の良い三人組でした。アルフレッドはドイツから来たばかりの印刷技術者です。若者の感受性と、現代風に言うと〈天然ぼけ〉の性格を備えていました。コスタリカへ来た当時はスペイン語がまったくできず、そのため、天然ぼけがさらに浮き彫りになりました。

ある日、近郊の行楽地へ行ったときのことです。アルフレッドはガールフレンドと一緒でした。わたしはガールフレンドは現地調達型で、誇り高いフランツは、わたしと違って、女性に働きかけることはなく、女性からやって来るのを待つタイプです。われわれはプールサイドで日光浴をしていました。アルフレッドの腕はガールフレンドの枕になっていました。

ある時点でアルフレッドは寝返りを打って甲羅干しをしたくなったようです。しかし、言葉ができないアルフレッドは彼女に自分の意図を言えません。しかし、これはわたしの思い過ごしで、スペイン語の単語はまだ両手の指で数えられるほどのアルフレッドは、一方の手で背中を指差すと、こともなく言い切りました。

――反対のページ。(La otra página.)

これには彼女をはじめ、皆が大笑いしました。つまり、印刷工場で覚えたばかりの最小限のスペイン語で、ユーモアたっぷりに自分の意図を表明したのです。数少ない単語でジョークを言える。この余裕とシャレは生まれつきのものでしょうか。わたしはメキシコでも、英語を習う若いセニョリータたちが、言葉のハンデを巧みにカバーして、ジョークを飛ばすだけでなく、大人の会話をするのに驚かされましたが、ヨーロッパ語を母国語とする人たちは、外国語を初めて話すとき、当惑、戸惑い、自信のなさ、知的レベルの低下などを示すことがないだけでなく、大人の会話をするのです。これは、言葉の共通性のなすわざか、彼らが大人なのかわかりません。事実は、その両方のようです。

それに反して、わたしは英語やスペイン語を習い始めたころは、自分が斜めに構えて対応していること、また、外国語を話すことで、幼稚な知性を披露してしまうことを痛いほど体験してきました。外国語で話すとき、ある程度の〈知的低下〉が起こるのは万国共通な現象ですが、彼らがこの点を大人の判断でうまく矯正するのに反して、わたしは外国語で話すことで頭が一杯で、話の内容まで思考が働かなかったのです。幼稚な言語知識にもかかわらず、知的レベルの低下を感じさせない彼らの精神構造は本当にうらやましい限りでした。

後に、わたしは外国語を使うと、知性、そして時に、人間性まで疑われるのは、自分が円熟した知性と豊かな人間性を持っていないからだということに気がつきます。つまり、相手は大人であるのに対して、わたしは精神的に子供だということに気がつくのです。そして、一人前の感性や知性を持つ自分が、大人になっても、外国の友達に比べると、教養面で子供だという事実は、わたしが悪いのではなく、受けた教育が悪いのだと信じるようになります。

そして、自分の家庭や学校で受けた教育を疑うことから、初めて自分を教育し直すのが可能になることに気がつくのです。教育のお蔭で今の自分があると考えていたわたしは、自分の個人性を確立するためには過去の教育を払拭する必要を感じたのです。しかし、これは言うは易く、行なうは難しです。子供の頭は純白な紙です。この白紙に真っ黒な墨で書かれた教育を消し去って、新しい考え方、生き方を上書きするのは至難の業です。しかし、わたしはそれに人生をかける価値はあると判断したのです。わたしは、この押しつけられた教育の払拭という難行に喜びを見いだすようになります。

28　フラッシュ・バック

その日は、会う機会が限られていた母と、久しぶりに田舎道を歩いていました。道中、母は小学生の低学年だったわたしに〝そろり新左衛門〟の話をしてくれました。わたしは、この頭脳明晰で、独創性とユーモアに富んだ忠臣の話にすっかり魅せられました。そこで「わたしも大きくなったらこのような人になりたい」と言うと、返ってきた母の返事はつぎの通りです。

「確かに新左衛門は頭の良い人物よ。だけど家来でしかないの。やっぱり人間は殿様にならなきゃダメよ」。人間は人の上に立たなければ成功者とは言えない、というのが母の教育方針でした。これでは人生の成功者は、ほんの一握りになり、圧倒的多数の子供は人生の敗北者になります。子供心にも、この立身出世主義こそ生きる道だという考えには疑問を持ちました。

しかし、人間は最初は疑問を感じても、何度も繰り返し聞かされると信じるようになるものです。特に親や先生の考えが子供に及ぼす影響は無視できません。この教育方針は学校へ入ってからも続きました。勉強でも、運動でも、何でも人より秀でること。これが優れた人間の条件だと信じるようになりました。人を思いやることではなく、蹴落とし、のし上がること。これが偉い人の条件だと信じるようになりました。

現在のわたしは、人に思いやりの心を持つことが何より大切だと思っています。海外の体験を通して〝偉い人〟など存在しないのもわかりました。〝尊敬に値する人〟には多く会いました。しかし、彼らも、ある限られた面では敬意の念を抱かせますが、すべての面で尊敬に値するわけではありません。英語に「この世に完璧な人間はいない」という格言があります。つまり、すべての面で完璧な人間はこの世には来ないか、来る必要はないという意味です。

また「尊敬は勝ち取るもの」という言い伝えがあります。この意味するところは、人を尊敬するかどうかは、個人の問題だということです。政治家だから尊敬するとか、医者だから尊敬するではなく、国民の権利と義務を守るために身を粉にする政治家には敬愛の念が生まれ、真摯に患者の健康を取り戻したいと考える医者には敬愛の情が生まれるということです。

一方、自分や党のために働く政治家は尊敬できません。患者のことを忘れ、高額な医学部の学費を取り戻そう、また、時に、裏口入学に支払った金を取り戻そうと金に固執する医者もいます。わたしが海外で会った尊敬に値する人たちは、社会的にも、また経済的にも恵まれない、ごく一般的な市民です。ひどい逆境にありながらユーモアと勇気を持って生きる人たちです。あばら屋に住みながら、精神的に高尚な人たちです。

つまり、わたしは子供の時に植えつけられた誤った教育に疑問を感じ、自分の目でモノを見るようになったのです。そして自分でモノを考えるようになったのです。これは海外で会ったすばらしい人たちのお蔭です。わたしは彼らに感謝と敬意の念を持っています。自分の目でモノを見て、自分の頭で考える生き方は強い生き方です。それに反して、人の見方を受け入れ、人の言う通りに生きる生き方は弱い生き方です。

ある日、わたしは小学校に入る前の娘と街を歩いていました。ある自転車屋さんの前で足を止めて「この自転車屋さんを見てごらん」と言いました。娘は自転車屋さん夫婦の働き振りを見守りました。「親切ね」というのが娘の感想でした。「それは、この人たちは利用者のためを考えて働いているからさ」とわたしは答えました。「世の中は、人のために働く人と、自分のために働く人がいるんだよ」。

29　君は貝だ

コスタリカ時代に戻りましょう。わたしと上司のアルマンドは馬が合いませんでした。仕事の面では尊敬するのですが、人間的に合わないのです。彼は野球のグローブのような、大きな、剛毛の生えた手から想像できない繊細な仕事をします、また熊のような身体に似合わず小心者でした。年齢も二回りも上だったこともあったからでしょうが、どうしても下から人の眼を盗み見るような態度と、キューバ人同士でありながら、社長に向かって正面から言い返せず、裏でこきおろす態度には馴染めませんでした。

そのアルマンドに仕事の失敗を叱られた時のことです。彼は普段から溜め込んだ不満を一気に爆発させました。「いつも文句を言うと、君は黙りこくって貝になるんだから」。こともあろうにアルマンドからこの指摘を受けるとは思っていませんでした。「あなたには言われたくない」というところです。これは彼が社長のガビランと接する態度ではありませんか。

同僚たちは黙って聞いています。ということはアルマンドの指摘は必ずしも的を外れていないのです。的を外れた叱咤を聞き流す人たちではないからです。しかもアルマンドは皆に嫌われていました。しかし、後で冷静になって考えるとアルマンドの批判にも一理あることがわかりました。同僚や仲間とはいくらでも議論できるわたしですが、嫌いな上司に対しては、確かに別の態度で接していたようです。これはアルマンドの指摘の後、また、貝になって何も言葉を返さなかったことが証明しています。

アルマンドは非難を通してわたしとのコミュニケーションの道を探ったのです。しかし、わたしは相手の招待を拒絶して対話の道を閉ざしたのです。アルマンドとの確執はその後も続きました。わたしはアルマンドを嫌な奴だと思い、アルマンドはわたしを煙たい部下だと思い続けました。われわれの会話は仕事だけに限られました。

そんなある日、アルマンドの入院が突発しました。持病の痔が悪化して手術をしたのです。わたしはこのニュースにむしろホッとしました。ところがおなじ気持ちだと思っていた同僚が、驚くような行動にでます。ステバンがお見舞いに行こうと言い出したのです。ステバンは投薬のせいか、それともそれが個性なのかはわかりませんが、わたしが人生で初めて会った、そして、きっと最後になるであろう〈嘘をつけない人間〉です。彼のこの純粋な気持ちに反対を唱えるものはいませんでした。

われわれを見ると、アルマンドは非常に喜びました。特にわたしを見ると目を大きく開いて喜びました。わたしが来たということは、来たかったからです。わたしはステバンの提案を断ることもできたのです。口実など山ほどあります。断らなかったことは、義理に縛られないラテン・アメリカでは、来たかったことを証明します。その後、アルマンドとの関係は少し良くなった気がします。

しかし、わたしが貝のように口を閉ざし、反論すべきところも反論しないという指摘は、すべては話し合いで解決するという〈討論万能主義〉を唱えるわたしにとってはショックでした。自分の嫌いな面を改善することに努めてきたわたしが、上の者の叱咤に対して、無言の反抗に出るとは少なからず驚きでした。ここでわたしは、再び、幼少の時に身につけた心理反応から逃れることがいかに難しいかを再認識することになります。

その後は、批判された時は、自分に非がある時は素直に謝罪し、相手が間違っていると思うときは率直にその旨を言うように努めたものです。自分では自信があると思っていた分野でも、まだまだ改良の余地があることを教わったのは、好意を持てないアルマンドからでした。そしてアルマンドの入院を通して、皆に恐れられていたステバンからは人間の優しさを教わったのでした。

30　個性をもつ

わたしの話術は、英語でもスペイン語でもかなりの上達を示しました。ある日、オランダ人のフランツ、空手の名手で資産家のディエゴ、足が長く、良い男でありながらホモの噂が絶えないホルヘ、ラテン・アメリカには珍しいコスタリカ共産党の党首を父親にもち、後にモスクワに留学するマニュエル等のグループがサンホセのカフェでダベっていました。フランツは柔道、他の者は空手と情熱の対象は違っても良い仲間でした。

容姿では見劣るわたしは、その弱点を話術でカバーしなければなりませんでしたが、男同士の集まりでは容姿は関係ありません。話術ではヨーロッパ人のフランツにもコスタリカ人の悪ガキたちにもわたしは一歩も引くことはありませんでした。さて、その時の話題はよく覚えていませんが、わたしはある国でお付き合いをさせていただいた、北朝鮮出身で、ラテン・アメリカで医師免許の試験を受け直して医師として働くキム医師の話をしていました。多分、言語の話から発展した会話だったと思います。

わたしは真面目な顔で語ります。「キム医師は北朝鮮で育ち朝鮮語を話す。妻はアメリカ育ちで英語が母国語、男の子はニカラグアで生まれスペイン語を話すという国際的な家族なんだ」と説明した後、何でこんな話を持ち出すんだと興味津々の皆に、わたしは「本当にすばらしい家族だよ」と強調します。そして「問題は相互理解ができないだけだ」と言うと場が笑いで弾けました。

皆が涙を流しながら爆笑する中で、フランツが興奮気味に立ち上がり「これだ。これが片野のユーモアだ。典型的な、典型的な片野のユーモアだ」と典型的という言葉をくり返します。わたしも皆と笑いながら、容姿の面では、彼らには及ばない者でも、別の面で魅力的な個性を持てる喜びにほくそ笑みました。このように、ユーモアに富んだ話術はわたしのアイデンティティーになったのです。ユーモアは国籍を持ちません。つまり、言葉にユーモアが加わると、強い武器になり、世界市民のパスポートになります。

わたしは仲間たちに、話術の面で新風を吹き込んだようです。ある日、サンホセの名士であるディエゴがカフェで注文をするのを聞いた時には少なからず驚きました。その可愛いウエイトレスを当惑させたディエゴのユーモアまじりの注文の言葉は、わたしが以前使った言葉と一語も違わなかったのです。

ディエゴはスペイン人の祖先を誇りに感じる、むしろ保守的な人間でした。スペイン文化を継承し、スペインの騎士そのもので、女性に対する言葉使い、即興のスピーチのうまさ、表現の正確さ、紳士のたしなみである作法と話術を心得た典型的な紳士だったのです。

わたしは彼との交流を通して学ぶものが多い日々でしたが、そのディエゴがわたしの話法を真似たのです。また空手の仲間には、少なくともわたしのライフスタイルに共感を持つ輩がいました。わたしはこのすばらしい仲間たちを通して縦型社会の「こういう時はこうする、ああいう時はああする」という「べき・べからず」で言動を固められた人間の殻を破って、人間の理想である〝自由に言動する人間〟に近づいていったのです。

31　日本語に挑戦するフランツ

これもサンホセを出る前の話になりますが、ある日、突然、フランツが日本へ柔道修行に行くと言い出して皆を驚かせます。その際、日本語読本を取り寄せてくれないかと頼まれたわたしは英語で書かれた分厚い日本語教本を取り寄せました。その後、フランツはこの本で日本語の習得を始めました。しかし、毎日、行動を共にしながら、日本語に関する質問は一切ありませんでした。発音に関しても、文法に関しても、何の質問もないのです。

一年後、われわれ〈三悪〉はフランツのお別れパーティーをしていました。パーティーは盛り上がり、アルフレッドのギター伴奏で、わたしとフランツは即興のジャズをメドレーで歌い上げました。このデュデュデュバーデュバデュバーが皆に受けてパーティーが最高に盛り上がったときです。フランツが立ち上がり、両手を広げて、皆に沈黙を要求しました。皆は何をしだすのかと固唾を飲みました。

フランツはわたしに立ち上がるよう求めて、突然、日本語で切り出したのです。「カタノさん、これからしばらく日本語でお話をしてよろしいでしょうか?」皆はあっけに取られました。その後、フランツは教科書通りの日本語で、驚く皆を前に、会話を続けたのです。目立ちたがり屋のフランツとは知っていても、これには、わたしも驚かされました。これがフランツの日本語のデビューでした。

わたしは、この一年間、フランツが日本語の習得に励んでいたことはよく知っていました。彼が、教本を手に、中庭で、ビーチチェアーに寝そべって、日光浴をしながら勉強をしているのを目にしない日はなかったからです。この豪邸は知人のドイツ人が長期休暇で帰国した際、アルフレッドに管理を委託したもので、われわれは、ここでよくパーティーをしただけでなく、わたしは、よく翌日まで居残ったからです。

このフランツの日本語挑戦記で、わたしが驚くのは、最初から最後まで、少しもマイナス思考が入り込まない点です。柔道に憑かれていた彼が、柔道の本家である講道館で腕を磨こうと考えるのは当然です。しかし、言葉がわからない、生活様式がわからない……といったマイナス思考は寸分も無いのです。

言葉がわからなければ覚えれば良いというのが彼の考え方で、漢字を使う東洋の言葉を覚えられるだろうか……などという懸念はまったく持たないのです。言葉などは覚えれば良い。日本で覚えるよりも、来日前に覚えてしまう方が有利だと、とにかく、態度が前向きなのです。そして、分厚い教本を物ともせずに覚えてしまうのです。

もちろん、この肯定的な態度は、彼がすでに五カ国語を話すことがなせるワザでしょうが、それにしても、見事なものです。これは彼の才能というよりは、むしろ、（これは外国では当たり前のことですが）強烈な個性にあると思います。他の柔道の仲間にも通じることで、彼らが柔道や空手を習うとき、つまり、自分のやりたいことをやるとき、マイナスの要因など入る余地はないのです。

わたしは、彼が日本語習得中に一言もわたしに頼らなかった点でも、彼の強い個性を再確認させられました。しかし、ここで特筆すべきは、彼の語学習得法です。中庭で日光浴をしながら、一文ずつ覚えていくのですが、ひとりでやっているのではなく、必ず、日本へ行ったら会うと思われる人たちを想像して、声を出して、身振り手振りで、その人に話しかけているのです。これでは、わたしの出番は最後までなかったはずです。

しかし、この方法こそ、わたしが外国語を覚える方法でもあるのです。わたしは、この学習法を目にしたときからフランツの成功を疑いませんでした。しかし、その短期間の成果に驚かされたのです。わたしは誰が、何語を覚えるときでも、やり方はおなじなのだということを再確認しました。〈認識して、覚え、使う〉が言葉の覚え方ですが、使うためには、相手がいることは、必ずしも必須条件ではなく、想像上の相手に話しかける方が、数カ国後を覚えた人にとっては、かえって簡単なのです。

強い独立心と個性を持つフランツの場合は、わたしに教わることは、プライドの許さないことで、この方法を取ったのですが、この方法は、いつでも、欲しい時に、話し相手が存在するという点で、他の方法に勝るのです。強い個性、プラス思考、やり方、この三つを持つフランツには、日本語を覚えることは、柔道修業の障害ではなく、むしろ、便宜でしかなかったのです。

32　社長との確執

個人性を取り戻すにつれて、自我も強くなります。そうかと言って、自我を抑えるために没個性の教育に走るのは主客転倒です。確実に癌細胞を殺すには患者を殺すのが一番即効性があると言うようなものです。結局、自我のコントロールも個人の問題なのです。自我のぶつかり合いに際しても、討論の仕方さえ心得れば、言い合いは沈黙より健全であり、大人の討論は後を引かないものです。しかし、ガビランとの確執は、その例を外れた、破局的なものでした。

ある日、ひょんな事から私は移民局から海外追放を命じられます。悪いのは私で、観光ビザのままで働いていたのです。前の国でそれが許されたため、甘く見ていたのでしょう。移民局から二四時間の出国猶予を与えられました。

前の国では観光ビザで働いて、しかも二年近くも滞在期間を過ぎて気づいた私はセサルにその旨を言うと、彼はそんな事かと言わんばかりに社長を通して移民局長に連絡を入れ、つぎの日にパスポートを持って出頭した私は局長室に通されました。局長は丁重に「私にできることがあったら言ってください」と切り出しました。私がビザが切れている旨を言うと、彼の答えは、おなじく「何だそんなことか」と言わんばかりです。「だって、観光ビザで働くことはできないと明記してありますよ」と言うと、彼は事もなく言い捨てました。「君、それは法律の言うことだよ」。

独裁政権下では、独裁者の側近である社長に頼めば、不可能は可能になったのです。ところがコスタリカでは事情は違います。私が苦境を話すと、社長のガビランは思いがけない態度にでます。これは個人的な問題で、会社としては何もできないと言うのです。しかも、社長室を出るわたしに、何と、右手を胸の前で左右に振りながら、冷たく「バイ、バイ」の一言です。自分も外国人であり、移民局と関わりたくない気持はわかりますが、これでは社員の信頼は得られるはずがありません。おなじキューバ出身者のアルマンドでさえ、社長がデザイン部を出ると、その後ろ姿に向かって中指を立てて不快感を示したものです。

さて、住んでみるとわかりますが、小さな国の住みやすさは格別です。友達、知人さえいれば、問題は解決です。私は電話一本で知人を通して有力者を動かし、一日でビザの問題を解決し、海外追放を免れました。私は、何事もなかったように、二年後、マナグアの以前の会社に引き抜かれるまでサンホセ滞在を楽しみます。

英語とおなじく、スペイン語でも、相手のコメントを覚えていて、後になって、そのまま返す話法があります。私は期せずしてこの話法を使うことになります。私が社長室を訪れ、退社の意向を述べると、ガビランは引き止めにかかります。今までのガビランの人となりを知るわたしには、彼の引き止めを拒絶するのは難しいことではありませんでした。私は、右手の掌を胸の前で左右に振りました。「バイ、バイ」。

このエピソードは私とガビランだけの知るところとなりました。私は誰にも言いませんでしたが、もしアルマンドをはじめデザイン部の連中がこれを知ったら手を打って喝采したでしょう。この後、わたしと妻は、マナグアに生活の拠点を変え、一九七三年のマナグア大震災を迎えることになります。

33　真の言葉の力

シャワーを終えて、外に足を踏み出したわたしの身体は宙に浮き、便器の角に叩きつけられました。起きる間もなく、壁が崩れ、ブロックが落下してきました。あまりに突然の出来事で、一瞬、何が起こったか把握できませんでした。地震だと気づいた後は、自分は死ぬんだという考えしか頭に浮かびません。その時です。わたしの後にシャワーに入ろうとしていた妻が、倒れるようにわたしの上に飛びついて来たのです。その結果として、わたしを守る形になりました。瓦礫を一身に受けながら彼女は叫びました。それは悲鳴ではなく、愛の言葉だったのです。

――愛しているわ！　聞いて！　あなたを愛しているの！（Te qiero. Oiste? Te qiero.）

これが、まさに死に直面したときの彼女の叫びでした。わたしがもし叫べたら、その声は単なる恐怖の悲鳴だったでしょう。地表が激しく波打ち、家が崩れ、壁のブロックが雨あられと降り注いでいるのです。実は、わたしは、この瞬間、便器の角で胸を強打した上に、厚い埃を吸い込んで呼吸困難になっていました。また、声が出たとしても、自分の死しか頭にないわたしの口から〈愛〉の言葉は出なかったでしょう。

一方、彼女は自分を忘れて、愛を叫んだのです。死を前にした言葉に偽りはありません。愛に生き、愛に死ぬ女性を前に、イザとなると自己中心的な自分を恥じずにいられませんでした。彼女の愛の叫びは、今でもわたしの耳から離れません。また、これほど強い叫びを耳にすることは、わたしの人生ではないでしょう。それに反して、自分のことしか考えない情けない自分の姿を晒した屈辱も、ある意味で、本当に「痛い目に遭って覚える」でした。この出来事の前にも、ラテンの女性は、純粋に愛に生きることは知っていましたが、この時の妻の言葉は、まさに、それを証明したものでした。

また、わたしは、言葉の持つ〝力〟を知ったのです。そして、力のある言葉を持つには、強い個人の信念と思想がなければならないことがわかりました。慣習的にもの事を見て、慣習的に反応することしか知らないわたしは、死に直面したとき、ただ驚き、慌てふためいて、自分を失い、他人のことなぞ考える余裕はない、心も頭も乏しい人間だったのです。

幸い、家は果樹の木に寄りかかった形で、壊滅を免れ、死を免れましたが、彼女は全身打撲で顔面も腫上がって、片目は開けられない状態でした。瓦礫で膝まで埋まった台所のドアを蹴破って、何とか裏庭のマンゴーの巨木の下に逃げたわたしは、血にそまった胸を見て、息もできない心臓の痛みは外傷のためだとわかりホッとしました。ところが、気がつくと、裏庭のゲストハウスが壊滅していました。クリスマス休暇で遊びにきていた妹のイネスが、なぜか、その晩だけゲストハウスで寝ると言い出したのを思い出し、パニックになりました。その時です。瓦礫が動いたと思うと、その中からイネスが這い出してきたのです。

彼女は頭に直撃を受け、白い埃を被った身体は出血で真っ赤でした。頭の皮膚が大きく裂傷を受けていました。家は傾き、表通りにでることはできず、余震が続く中で、手の打ちようがない状態でした。その時、グアバの木に支えられて、辛うじて倒れるのを免れた家屋の横を蹴破って、勇敢にも、親類の若者グスターボが安否を確かめに来ました。

彼の先導で通りに出ると、あちこちの歩道に、シートを被って横たわった人たちが眼につきます。これらが皆、地震の犠牲者の遺体か、息を引き取る寸前の老人だとわかったのは、その一人に、駆けつけたボーイ・スカウトの少年が水筒の水を与えているのを見たときでした。その後、つぎつぎと空手の生徒がわたしの安否を心配して駆けつけました。交通機関はなく、車も走れない状況で、どうやって来たかはいまだに謎です。そして、わたしの安否を確かめると、また急いで家族のもとに戻ります。わたしは彼らが、家族のつぎに、わたしたちを気遣ってくれることに感動しました。

無事だった人たちは余震のため家に入れず、歩道で朝を待つはめになりました。われわれが歩道に出ると、負傷したわれわれに気づいた隣家の主人は、余震の続く自宅に飛び込んでいきました。この自殺行為にわたしは肝をつぶしました。実は、わたしたちの住んでいた地域は市の落ち着いた住宅地で、われわれの隣人たちはユダヤ系の人間でした。彼らとは、普段、口も利かない関係でした。

ハラハラ見守る人たちの前に飛び出してきた彼は腕に箱を抱えています。わたしは、当然、それは大切な財産だと思ったのですが、彼はそのまま、わたしたちの方へやって来るではありませんか。よく見ると、それは救急箱だったのです。彼は血だらけのわたしたちを見ると身の危険も省みず、わたしたちのために救急箱を取りにかけ込んだのです。わたしは、この普段は挨拶も交わさない隣人が、いざという時には、他愛に満ちた人間に変身することに驚きを隠せませんでした。

彼は応急手当を済ますと家族の所へ戻り、つぎに、前の家の主人が自分の身を覆っていた毛布を脱いで、頭から血を浴びているイネスの身体を覆いました。この家族も、最初の揺れでドアが開かなくなり、神に助けを乞う子供の声が響いていました。二度目の揺れで家が崩れ落ちたとき、わたしは彼らの死を確信しましたが、その直前、轟音と共に、ドアが爆発的に開き、命拾いをしたばかりでした。その後、わたしはつぎつぎとすばらしい人類愛に触れ、美しい相互援助の精神を体験することになります。この数万人の市民の死者を出した地震は、悲惨でもありましたが、同時に、困ったとき、自分を捨てて、人を助ける、人間愛に触れるすばらしい体験でした。

34 こいつは変な日本人だ

その後、わたしと妻のイソルダは、一年の予定で、日本に帰国します。再建に時間がかかること、また、その期間はわたしの仕事はないだろうと読んだのです。その一年前に、フランツは柔道の修行のために来日していました。彼の花小金井のアパートを訪れる前、わたしはイソルダに言いました。「奴は、日本語を自由に話しているだけでなく、読み書きもできるようになっているよ」。これは確かめるまでもありませんでした。アパートに入ると、まず、大きな「禁煙」というフランツの自筆が、また、トイレに入ると「使ったら、必ず水を流してください」という張り紙があります。

柔道を〝楽しむ〟外国と違い、〝苦しむ〟ほど厳しい修練を課す日本では、無理だろうと思っていたのですが、フランツの柔道修行はなんとか続いたようです。二度目に会ったときは、彼はアメリカ人の友達と一緒でした。彼は、われわれを紹介しました。そして、つぎの文句をつけ加えました。

——彼は〝変な日本人〟だ。

当時、日本語を話し、日本の文化を理解する外国人は〝変な外人〟と呼ばれました。フランツは、これを逆手に取ったのです。この一言で、フランツの日本文化の吸収の度合いと、また、日本での生活への順応性の高さがわかりました。最初は、文化の違いに驚いたでしょう。国際化して、民主主義を取り入れたため、柔道は本家の地位を失い、本来の武道の技も精神も失い、シャモの喧嘩のような、国際スポーツになっていますが、道場では、まだまだ封建的な「縦型社会」です。最初は驚いたでしょうが、しぶといフランツはモノともしなかったでしょう。

また、コスタリカでのわたしとの交際を通して得た、日本人のイメージも、実際には、かなり違ったでしょうが、そんな事に動じるフランツではありません。外国人に対する日本人の態度も、すぐに読み取り、逆に、自分に有利に持ち込んだでしょう。しかし「君には一杯食わされたよ」というフランツの皮肉が、この「変な日本人」の一言に含まれていることを、わたしは敏感に感じました。

フランツのこの一言は、わたしには最高の褒め言葉でした。本物の英語を話すことを目的にしてきたわたしに、英語の思考と発想（国際的な思考と発想）を身につけるのは必須だったからです。そしてフランツの一言は、わたしが、これをある程度、モノにしたことを語っているからです。

わたしは、よく日本人の間で、批判的な言葉を投げられました。「奴は日本人じゃない」という批判は、逆に、わたしを鼓舞するのです。わたしは、自分の努力と感性で、日本を生活の基盤にする人間から、世界のどこに住んでも、その土地の人間と仲良くやっていける人間になったのです。これは外国語を覚える報酬です。外国語を覚えるのは、日本人にとっては難しいことはわかっています。しかし、その分、報酬も大きいのです。

また、モノ事を、少しでも、あるがままに見る態度を身につけたいま、自分を客観的に見ると、自分の力は、まだまだ上達の余地だらけです。人生は死ぬまでが成長の過程です。わたしは七〇歳代の今でも、若い時に劣らず、英語の勉強をしています。眼の障害に悩まされながらも、本を読みあさっています。英語の表現は無限です。ある分野の単語を覚えても、別の分野の書に向かうと、覚える単語は山ほどあります。

自分の上達を評価できるのは自分しかいません。しかし、自分をよく知る人たちが、時折、下す評価は批判にもなり、励ましにもなります。わたしにとって、フランツのコメントは、褒め言葉であり、新たな励ましになるものでした。わたしは日本人でもなく、世界市民でもありません。同時に、わたしは日本人であり、世界市民です。つまり、わたしはわたしなのです。誰もわたしにレッテルを貼ることはできません。英語の習得を通して、自分を見いだし、自分を取り戻したのです。

35　忠誠心

帰国後、わたしはメキシコに戻り、オパール鉱山で遊びがてらオパールを掘っていました。ある日、鉱山を見たいという日本人の若者を現場に連れていくことになりました。実際に掘らせてみると、メキシコ人の五分の一の体力しかなく、日本人の若者のひ弱さに驚きました。しかし、口だけは達者でした。

「監視していないと、産出量の半分は盗み出される」と言うと、彼は顔をしかめて労働者のモラルの低さを批判します。わたしは、そこに海外に出ても、慣習的なモノの見方しかできない若者を見て、若かったときの自分と重ね合わせました。

モノ事をあるがままに見ると、世間一般の見方とは違う〝自分独特の見方〟ができます。人口七万人ほどの鉱山の町の住民は、鉱山主を含めて、決して経済的に恵まれた人たちではありません。経済的に恵まれているのは大都市に邸宅をかまえてオパールを買い付ける数人の日本人だけです。鉱山主になるのは簡単で、オパールがありそうな場所に穴を掘って登録すれば誰でもなれます。そして、その穴に鉱脈が走っていれば、まず人を雇い、つぎにブルドーザーを入れることになります。

鉱山労働者の生活は決して楽ではなく、オパールを一個ポケットに入れて持ち出せば、米と豆だけの家族の食事に肉と野菜が付きます。彼らはこの岩山に七色に輝く石が埋もれていて、それを見つければ金になることを神に感謝しています。オパールを神の恵みと考えるのは当然でしょう。しかし神は万人を平等に愛することも知っています。つまり、この神の恵みは住民のものであり、そこに最初に穴を掘った人間が独占するのは社会的には正しくとも、宗教的な見方をすれば、正しくないという考え方も成り立つのです。

この考えは幸運に恵まれた鉱山主も共有していて、それが従業員の持ち出しにも寛容になるだけでなく、大きく割ってもオパールがないときは、鉱山の回りに集まる人たちに岩片を与えるのです。この岩をさらに細かく割ってオパールが出ると、それは発見者のものになります。事実、この産出量は馬鹿にならないもので、時に鉱山の産出量に匹敵するのです。このような見方をすると神の享受は皆のものという寛容なモノの考え方を垣間みることができます。

一方、わが国では会社に対する忠誠心が高いことが道徳的な評価を受けます。よく会社の不正を隠すために、事実を知る責任者が自殺をして会社を守る場合があります。秘密を墓へ持っていく忠実な社員は賞賛されることはないまでも批判の対象にはなりません。これは昔の忠臣が身をもって殿様を守る封建制度の名残でしょうか。

チッソを生産する会社がその過程で発する水銀を不法に海に垂れ流しました。その結果、その近海の魚を食べた多くの人たちが、生きて、死の苦しみを味わうことになります。社員はその事実に目をつぶって会社への忠心を通します。真実から眼を逸らせるために、都合の良いことに、他の社員という味方がいます。また、会社への忠誠心という道徳価値が黙認を正当化します。赤信号も皆で歩けば怖くないです。そして、ある日、自分の子供が水俣病になって初めて結果に直面するのです。

わたしは、英語とスペイン語を通して、人に植えつけられた価値観を盲目に信ずる危険を教わりました。モノ事にはいろいろな見方があります。モノ事を自分の見たいように見ることは、偽りの世界に住むことです。わたしは肉体的にも精神的にもひ弱なこの若者を見て、自分の成長を感じました。そして外国を見聞するなら、その言葉と、背後にある新しいモノの考え方を学ぶようにとアドバイスを送りました。

36　アメリコ・タピアについて

わたしのラテン・アメリカの滞在を通して、わたしが忘れることのできない人物にアメリコがいます。彼は組織上はわたしの上司でしたが、わたしたちの関係はまったく対等でした。彼は最悪の環境で育ちました。スペイン人の父が放蕩で、女性と見れば孕ませ、兄弟、姉妹は一体、どこに何人いるかわからないのです。兄弟中で、アメリコがよくジョークのネタに上げる伝説の兄がいました。アメリコの話によると、この兄は暴力と悪事を専業にする一匹狼だそうです。彼は灼熱の太陽の国で、長いマントを被り、そのマントを振るうと、内から拳銃から軽機関銃まで、あらゆる武器がこぼれ落ちるというのがアメリコの十八番です。

事実を知れば知るほど、おなじ環境で、健全な人間に育ったアメリコが奇跡的な存在だとわかります。どのような苦境に置かれても、彼は人生を切り開いていく〈武器〉を持っていました。嘘と矛盾に満ちた世界を、彼流のユーモアで生き抜いています。アメリコの最大の徳は、常に、人に慕われ、頼りにされるところです。彼のオフィスには社会的に恵まれない人たちが列をなして問題を持ち込みます。まるで貧乏人を守る社会派の弁護士です。この事実からも、ジョークを連発し、一見、無責任で、軽はずみな印象の奥に、彼の愛と理解に満ちた人柄がわかります。アメリコが親類、友人、知人たちの借金の請願と、また彼がオーナーである、プロのサッカー・チームの選手たちの給料の前借りに、一人ずつ真剣に対応する姿は忘れられません。

若いとき放蕩の限りを尽くした父親に紹介されました。老いたプレイボーイは、モノを作って売る何でも屋でした。わたしはアメリコの紹介で、彼に長い銛を作ってもらったことがあります。当時のニカラグアには本格的な漁業がなく、魚が豊富で、伊勢エビなど、岩場を一メートルも潜ると、食べたいだけ獲れました、また鯛《たい》も釣れだすとボートが沈むほど釣れ、後で、友達に配って歩くのが大変でした。そこで、わたしはサメに出くわしてもよいように三メートルの銛を制作してもらったのです。わたしの設計通りに出来上がって銛は三メートルの木製の把っ手に、黒い鉄製の鋲を付けたすばらしい出来栄えでした。しかし、小型トラックでしか運べない不便さと、実際に使うと、木製の長い把っ手が浮き袋になり、潜ろうとしても潜れない欠陥のため、無駄になりましたが、これがアメリコの父親との初めての交流でした。

また、彼の持つサッカー・チームの試合にも招待されました。その日は神学生のチームとの試合でした。わたしを驚かしたのは彼らのラフなプレーでした。ボールよりも審判を見ているのではないかと思われるほど、審判の眼が離れると、相手を蹴ったり、足をかけたり、反則のやり放題です。こんな乱暴な試合を許すのかと聞くと、アメリコは妙な顔をしました。実は、敬虔な神学生を蹴ったり、殴ったり、足をかけて怪我をさせているというのはわたしの誤解で、やっているのは神学生チームで、被害者がアメリコのチームだったのです。これも、つぎの日、アメリコのジョークのネタになりました。

しかし、わたしが感銘を受けたのは、アメリコの家に招待されたときです。家は肌色の異なる子供たちでいっぱいです。誰の子だと聞くと夫妻の子供だと言うのです。アメリコ夫妻は親に見捨てられた子供たちをつぎつぎと養子にして育てていたのです。これでは貸したくても友人・知人にお金を貸す余裕はないはずです。わたしは、今、大きくなった子供たちとフェイスブックを通して連絡し合っています。彼らは、皆、立派な大人になり、立派な職業についています。そしてアメリコ夫妻を親以上に愛し、尊敬しています。アメリコは癌で帰らぬ人となりましたが、夫人は今でも孫たちに囲まれて健在です。アメリコ夫妻は子供が必要とする愛と環境を惜しみなく与えたのです。

一方、横田さんは子供に見捨てられ、寂しい余生を送っていましたが、地震ですべてを失うと、やり直す気力は残っていなかったようです。ピストルで頭を打ち抜き、この世を去りました。子供に規律を教え込むのは親の責任でしょうが、子供が飢えているのは愛なのです。

わたしは、苦境はユーモアで笑い飛ばすというアメリコの哲学に共鳴し、共感しているうちに、それが自分の信条になりました。さらに、この生き方は、人間に共通するものです。世界は自分の見方で変わるのです。人生とは、個人の選択の積み重ねです。そう考えると、わたしは自分なりの選択をしてきました。そして、英語を通して、集団的な選択から、個人の選択を重んじることを覚え、それにより、人生をより有意義に過ごす方法を学びました。

宗教的な見方をすれば、そうするように、誰かに見守られ、導かれてきた感を払拭できません。最初に「自分の英語は英語にあらず」と教えられた時から、現在に至るまで、わたしは英語の習得を通して、最大の恩恵を受けてきました。そして、いま誰にでも訪れる死に対して、何の恐れもなく、むしろ嬉々として待ち受けられるのも英語の書物を通して身につけた知識のお蔭だと思っています。これは、決して、強がりではありません。生き方を知ることは、死を理解することです。慣習的な生き方しか知らなかった若い時のわたしだったら、わけがわからず死を恐れたでしょう。今は人生を全うしたという気持ちと、できることなら、この喜びを、少しでも多くの人と分かち合いたい気持ちで一杯です。わたしは最高の人生を送ってきました。

第2章　和式英語と再会

講師のパーティーで。中央が著者

1 帰国

首都のマナグアを一瞬で破壊した地震ですべてを失ったわたしは、妻に日本を紹介する意味で、前述のように一時帰国することになります。この一時的な訪問がいまだに続いて、すでに四〇年になります。途中で紆余曲折があり、空手道の再修行をしたり、宝石に魅せられてメキシコへオパール発掘に行ったりしましたが、結局は英語を教えて身をたてるところに落ち着きます。

海外生活から帰国したわたしを驚かせたのは、わが国で話されている英語でした。確かに、英語人口は増加し、英語の達人は増えています。しかし、話されている英語は、まるで、わたしが「わが英語は英語にあらず」と自覚する以前の英語そのものです。確かに、上級者は発音も良く、よどみなく話します。しかし、国際レベルの話術はなく、英語共通の思考・発想を欠いた〈和式英語（日本人の思考と発想で話される英語）〉なのです。

さらに、初心者となると、不正確な発音に文法的なミスが加わり、思考・発想の壁と文化の相違が立ちはだかり、意思疎通は、その多くを憶測に頼る状況です。また、相手の発言に対しても、その真意を読み取るどころか、文字面さえ読めない状況です。まるで、靴の底から足の裏を掻くような、海外では例を見ない、不明瞭で不正確なコミュニケーションをします。

また、わが国の英語教授法は、わたしが海外に出る前の状況と、教える側も、教わる側も、まったく認識が変わっていないのです。それどころか、マイナス面では、商業化が著しく、〝英語は簡単に覚えられる〟、〝五〇の単語を身につければ英語は話せる〟、〝テープを聞き流すだけで、ある日、突然、英語が口から出てくる〟といった、苦労をせずに痩せられる減量法とおなじ〝夢を売る〟悪徳商法が横行しているありさまです。

つまり、言葉が違うだけでなく、常識も、思考・発想も違うわれわれ日本人がどうしたら英語を国際レベルで使えるかという問題はまったく解決されず、英語学習者は食い物にされているのです。十年も英語教育を受けても、海外に出ると、満足なコミュニケーションができず、土産物店の売り子が簡単な日本語教本から覚えた日本語の方が役立つのが現実です。これは教育関係者の責任です。英語を話すためには、その言葉の使い方だけでなく、英語のマナーを受け入れ、思考・発想も身につける必要があるという認識がないのです。日本人の思考法を基にして話す英語は、日本人の常識を海外で押し通すに等しいという認識がないのです。

この日本人が世界に出たとき直面する英語下手、言い換えればコミュニケーション下手は、日本人の思考と発想法が世界に通じないことを物語っています。日本人の思考と発想は、常識とおなじように、世界に受け入れられない部分が多いのです。これは、個人思考の脆弱さと、その分、わが国独特のしきたりや慣習的なものの考え方に頼ることが原因です。ところが、文科省をはじめ、国内の教育者には、この問題に対する認識はゼロなのです。これは、後に触れるように、わが国の英語の教科書を手にすれば明白です。

2　眉唾の学習法

さらに、わたしを驚かせたのは、民間では、英会話学習が依然として主流を占めていることです。まず英会話という学習法は、わが国独自なもので、世界でこれを取り入れている国はありません。世界の人間は〈英会話〉ではなく〈英語〉を覚えているのです。つまり言葉の四機能（話す、聞く、読む、書く）を身につけようとしているのです。耳から覚えた英語は（たとえ覚えられたとしても）不正確になります。仕事上、また文化交流の上で障害がでます。

ヨーロッパ語を母国語とする人たちは、英語を勉強しなくとも、英語を聞き取ることはできます。その理由は、ヨーロッパ言語には英語に匹敵する数の〈音〉が存在するからです。このため、ヨーロッパ語を母国語とする人たちは、我々と違って、耳から英語を覚えようとすればできるのです。たとえばメキシコの季節労働者は、最初は英語はできませんが、一年後、稼いだ金を懐に、中古のアメリカ車に乗って帰国する頃には英語を話しています。しかし、彼らでも、米国に永住するときは英語学校で、読み書きを覚えようとします。耳から覚えた英語では読み書きができないだけでなく、不正確という決定的な欠陥があるのを知っているからです。

一方、英語に比べると、圧倒的に使う音の数が少ない日本語を話すわれわれは、聞きとれない音が多く、そのため英語を流れでとらえるのは至難のわざです。さらに文字、文法、思考・発想も違うわれわれが耳から英語を覚えるのは、一番、効率の悪い、実用性の低い方法なのです。しかも、一週間に二、三度ネイティブと話すだけで、英語が使えるようになるという考えは、あまりに現実離れしています。事実、わたしは、二〇年間、英会話学校で教えましたが、英語ができない生徒ができるようになったケースは一つしか覚えていません。英会話学習ほど役に立たない学習法はなく、従って、これほど充実感のない仕事はありません。ネイティブの先生たちをはじめ、多くの英会話教師は、仕事の使命感と満足感は捨てて、単に、生活のためと割り切っています。

日本人は文法は学校で覚えるので、実践さえすれば英語は話せるようになるというのが英会話学習の基本概念です。文法とは「正しい言葉の使い方」です。この英会話の奨励者たちに言わせると、日本人はすでに学校教育を通して、正しい英語の使い方を知っているというのです。そこで、日本人ができないのは〈英語を口にする〉という作業だけで、これはネイティブと話すことで補完できると言うわけです。

わたしは英会話学校としては比較的に良心的な学校で二〇年間教えましたが、文法的に正しい英文を作れる生徒に会ったことはありません。英文学科の卒業生も例外ではありません。生徒もそれは自覚しています。それでも、ネイティブと話すと、自然に正しい英文の作り方が耳から入ると考えているのが現実です。成人が外国語を習得するとき、まず認識して、覚えて、使うという過程は欠かせません。ヨーロッパ語を母国語とする人たちは、言語の類似性から、耳から英語を認識できますが、われわれにおなじ方法が適応すると考えるのは、その〝前提〟から誤っているのです。

生徒は文法（正しい言葉の使い方）を知らず、英語という言葉がどのような言葉かという認識もありません。敵を知らないのです。この欠陥が、戦後の英語ブームに始まって、いまだに続いているのです。確か、この言語の思考面での差異に敏感に気づいて、明治時代には英語を国語にしようと提唱した政治家（森有礼）が、戦後にはフランス語を国語にしようと主張した小説家（志賀直哉）がいたと聞いています。

フランス語を国語にしようと主張した文学者もいたと聞いています。それは極端な意見としても、この日本語とヨーロッパ語の思考・発想の違いに無頓着な文科省、英語教育者の態度には驚きを禁じえません。英会話学習は、この無知の上に育った怪物なのです。

英会話学校の入門者のほとんどは、英語は日本語とおなじ思考・発想で話されていると考えています。最近は、日本人の〈常識〉というソフトウエアは、世界というシステム上で互換性が乏しく、よくフリーズすることを自覚する人は増えています。しかし、おなじように日本人の〈思考と発想〉というソフトも世界というシステム上ではうまく働かないことに気がついている人は少ないようです。わたしの経験では英語関係者の間で、日本人の思考面での問題を取り上げる人に会ったことがありません。わたしが教えた英会話学校でも、大勢の日本人講師が出入りしましたが、わたしの知るかぎり、この問題点に悩む人は、帰国子女を含めて、一人も会ったことがありません。

加えて、わたしが英会話学習を勧めない、もう一つの理由は、この方法では、何度も言うように、正しい英語が身に着かないからです。英会話教師は、生徒の英語が間違っていても直しません。一々間違いを正していたのでは会話にならないのです。事実、会話が意味を持ちだすと（このこと自体が、わが国では珍しいことですが）間違いを指摘することは、話の腰を折ることになり、生徒も先生もこれを望みません。さらに、前置詞や冠詞が抜けていても先生はそれを補って聞きます。つまり、英会話学習はブロークン英語を生む温床なのです。

初心者のほとんどは、意味ある会話に入る前にヤメてしまいます。英文を作れない、また、聞き取れない人にとって、この学習法は苦痛を伴います。スポーツにたとえるならば、初心者がオリンピック選手に挑戦するようなものです。この無謀な挑戦は、また、ネイティブの先生にとっても精神的な負担になります。英語がわからない人、英語の話術を知らない人たちと英語の会話をするのです。英会話学校では、一日の終わりに、ゲッソリ頬が痩けるほど疲れ切った若い先生を目にします。

戦後、数兆円の金が英会話学習に費やされたと言われます。また現在でも「ただ聞くだけで、ある日、突然、英語が口から出て来る」といった類の〈夢を売る商品〉が出回っています。さすがに近年は、勢いは失いつつありますが、それは消費者の家の棚にこの種の高価なテープが、少なくとも、一式は眠っているからで、消費者が賢くなったためではなく、市場が飽和状態になったのが理由のようです。

わたしの教えた学校でも、まったく効果がないことから、英会話方式を離れた教授法が模索され始めましたが、その直後に、テレビ媒体を利用して生徒を集める新商法を前面に出した新鋭の学校が、外国人とする〈生の会話〉を売り物に、息を吹き返したため、また、以前の〈英会話〉学習に戻った経緯があります。その結果、英会話学校の経営方針は〈いかに生徒を集めるか〉と〈いかに生徒を継続させるか〉に集中し、〈どうしたら生徒が英語ができるようになるか〉は忘れられたのです。その結果、英会話学校はかつての勢いを失い、現在では閑古鳥が鳴いているありさまですが、これは当然の結果でしょう。

3　三回受けた英会話学校の採用試験

さて、わたしは大手英会話学校で教えることになりますが、それは最初から波乱続きでした。まず、採用試験に落ちてしまいます。しかも、第一次試験のペーパーテストで落とされたのです。日本を離れる前、つまり和式英語を話していた時は、引く手あまただったわたしが、いままで落ちたことのない英語の試験に落ちたのです。これは夢にも思っていないことで、わたしには受け入れ難い事実でした。

試験はまさに大学の入試問題そのもので、実力テストというよりクイズに近く、たとえば、聞いた事もない長い単語が並んでいて、その中からスペルの間違った語を探せといった類のモノばかりです。何でも、後で聞いたところ、わが国の有名な英語教授が制作を任されたそうですが、これには閉口しました。

不採用を信じられないわたしは、再度、おなじ学校で、おなじ試験を受けます。学監は最初の試験の前に、英語で面接をしていたので、好意的で、テストの結果を伝えるときは同情と遺憾の意さえ表したほどです。その態度から、わたしの採用を望んでいることは明らかで、二度目の機会を与えてくれたのですが、わたしは、また、この試験に落ちてしまいます。

監視カメラの死角に位置をとり、隠し持った辞書で、長い単語のスペルを調べたり、今回は慎重に問題に対処して、やっとペーパーテスト（クイズ）は受かったのですが、今度は、信じられないことに、面接試験で落ちてしまいます。面接試験はわたしの得意分野です。これには、事実、面くらいました。

確かに、日本を出る前、東京オリンピックの通訳の試験で、一次、二次、三次、四次と高い競争率を突破したわたしは、最終面接で、外国人の面接官から「あなたこそわたしたちが求める人間です」とまで言われましたが、採用直前の日本人関係者との日本語の面接で落とされた体験はあります。しかし、今回のように、英語の面接で落ちるとは想像もしていませんでした。

面接官は日本人なので、良い予感はしませんでしたが、最初に英文を読まされ、つぎの質問を受けました。「なぜ食品を冷蔵庫に入れるのですか？」これまたクイズです。そこで、わたしは「それは言うまでもないでしょう（Why not?）」と答えました。試験官はあっけに取られたようでした。

後で気がついたことですが、答えは「食品の鮮度を保つためです」だったようです。しかし、これは小学生の答えです。わたしは、当然、大人の返答を模索したのです。その後、採用になってから、わたしはこの時の面接官と別の機会に会って、話す機会を持ちましたが、彼の英語を聞くたびに、わたしの「それは言うまでもない」という返事は、彼にとっては誤った解答だったことを思い知らされました。

ネイティブは、きっと、わたしとおなじ返答をするでしょう。そして「だって冷蔵庫はそのためのものでしょう」というコメントはつけ加えないでしょう。わかり切ったことは言葉にしないのが英語です。つまり、英語では「食品を冷蔵庫に入れるのは鮮度を保つため」という部分は、大人の会話では、暗黙の了解として言葉にしません。しかし、わが国の英会話では、このような暗黙の了解の線が英語のそれとズレているのです。つまり、わたしは和式英語を話さないために落とされたのです。

これが、わたしの再入国ショックでした。その後、わが国の英会話では子供の答えが通る世界だとわかるようになりますが、わたしには、この基本方針は飲み込めず、このような英語を〈和式英語〉と呼び、世界で話されている英語を〈国際英語〉と呼んで区別し、学校側の無理解との狭間で二〇年間にわたって苦戦することになります。

4　外は雪が降っているかい？

さて、校舎は雑居ビルで、各階をパーティションで切った教室では、隣のクラスの授業も聞こえます。ある日、わたしの右隣で上級クラスをやっていました。経験面でも、英語力でも、一番の実力者の邦人講師が教えています。夏休みが終わり、本格的な勉強の季節に入るある日のことでした。この頃になると、春に開講したクラスから、そろそろ脱落者が出てきます。

隣のクラスのドアが開き、しばらく休んでいた生徒が入ってきた様子です。先生は「おや、これは、これは……（Well! Well! Well!）」と大げさに英語で驚きを表現した後、これまた、英語で「外は雪が降っているかい？（Is it snowing outside?）」と問うと、生徒はどっと笑い転けました。これが、帰国後、初めて、日本人の英語のジョークに触れた体験になります。

しかし、前に述べたように「外は」不要な言葉です。また、言うにしても「out there」と軽く言えばいいものを「屋外で」という言葉を使って「屋内」と対比させると、冗長さが強調されます。ジョークは極力贅肉を削いで、笑いのエッセンスを凝縮するものです。「雪が降ってるのかい？」で十分でしょう。確かに、日本語では、稀に、良いことをすると「雪が降る」と揶揄されますが、これは日本語独特の発想で、世界では通じません。

このように日本人のユーモアの表現は、英語に訳せますが、それが通じるのは、国内に限られるのです。つまり、日本人同士が英語を話すときか、日本滞在が長く、日本語を話し、日本語のジョークにも長けた外国人に限られるのです。おなじジョークを外国でした場合、聞き手は怪訝な顔はしても、笑いは誘えないでしょう。

この、使用が国内に限られ、日本人に限られる英語こそ、英会話学校で話されている英語なのです。外国人講師は、多勢に無勢で、否応なく、この和式英語に同和せざるを得ないのです。日本へ来たばかりのネイティブの先生は、この生徒の妙な英語に驚き、自分の洗練した話法が通じないことに二重のショックを受けるのですが、すぐに適応して、生徒の英語に合わせるようになります。

その結果、英会話学校で話される英語は、反語、皮肉、ユーモア、当意即妙のウイット、などの行間のやり取りが姿を消し、単純な、文字面だけを読み合う会話、そして子供の会話になってしまうのです。この現象は、メキシコの語学学校でわたしが体験した、英語初級者のセニョリータたちが、言語学的なハンデは負いながらも、大人の会話をするのと対照的です。

5　えっ！　ピアノは趣味ではないの?!

英会話学校では、表面的で、文字面だけを読む、底の浅い会話に終始します。しかし、生徒にとっては、これこそが英会話なのです。よくアジア人の話す英語は〈ピジン英語〉と呼ばれますが、これは本来、現地語との混成語で、特に現代では、その発音の特異性を言います。和式英語とは違います。〈和式英語〉は日本人の思考と発想から由来したものです。和式英語では、英単語の本来の意味さえ、日本人の思考・発想に変えられてしまいます。

さて、このネイティブの先生たちも、日本滞在が長くなると、その滞在期間の長さによって、和式英語の影響を受けるようになります。これはわたしが土曜講座を教えた時のことです。土曜講座とは週二回通学する時間的な余裕のない人たちが土曜日に四時間まとめて受けるクラスです。前半の二時間をわたしが、後半の二時間をカナダ人が担任しました。

最初のクラスで自己紹介をしてもらうと、生徒は退屈な紹介をします。自己紹介とは自分を覚えてもらう機会で、なるべく印象的に、独創的に、言わば、自分を売り込む機会なのですが、生徒は全員が鋳型から取り出したパターンの紹介をするのです。まず名前、住所、趣味と続きます。そこで、わたしはこれは日本語の紹介であっても、英語の紹介ではないことを指摘します。

また、趣味（hobby）という意味で生徒が使っている言葉の説明をします。これは子供っぽいことに夢中になることで、たとえば、古い切手などを収集することで、その趣味のない人から見たら理解できないことに時間と金をかけることです。英語圏の人間の間ではホビーは持たない人の方が多いので、あなたのホビーは何ですか、という質問は受けることはないだろうし、自己紹介の時にホビーという言葉はめったに聞かないでしょう。単に、わたしは余暇にテニスをします、わたしはピアノを弾きます、と言えば十分だと教えます。

さて後半の二時間を担当した、ビール腹の初老のカナダ人は、帰ってくるなり、わたしに突っかかってきました。生徒に自己紹介させると、ある生徒が「前の先生からピアノを弾くことはホビーではないと教わりました。わたしは暇な時はピアノを弾きます」と言ったというのです。そして「ピアノを弾くことはホビーじゃないのか」とわたしに迫ったのです。わたしが否定すると、彼はやおら大きな辞書を引き出して調べ始めました。そこへ来日したばかりの若いカナダ人が入ってきました。わたしが「ピアノを弾くのはホビーかい?」と聞くと「ノー」と即答が返ってきました。わたしの相棒は言葉を失いました。

中年のカナダ人は日本滞在が長く、ほとんど帰国していません。さらに、英会話を教えて生活をしています。そのような環境では、和式英語に慣れなければやっていけません。もう一つ例を挙げると、わたしの親友のアメリカ人が久しぶりに親の葬式のために帰国しました。感想を聞くと、まず友人、親族と交わした会話が、波長がぴったり合っていて、精密機械のように正確なのに改めて驚いたそうです。また、会う人ごとに「おい、なんでそんな妙な話し方をするんだい?」と聞かれたのには辟易したとのことです。よくわが国の英字新聞に、英会話を教える者は一年に一度は帰国すべきだといった意見が掲載されます。そうしないと、国に帰ったとき「なんでそんな妙な話し方をするんだ?」と言われるというのです。

6　もう走り高跳びやってるかい？

ある年、大勢のネイティブの先生が米国から英会話学校に赴任して来ました。アメリカの経済に陰りが見えて、失業者が増え、一方、わが国はバブル景気に沸いて、最高に景気の良い頃の話です。みんな強い個性の持ち主で、底抜けにほがらかでユーモアに富み、まだ和式英語の洗礼を受けていないアメリカ人たちです。

学校も景気が良いときで、ある日、運動場を借り切って、先生の運動会が開かれました。お祭り騒ぎは大好きな連中で、それぞれ思い思いの服装で参加します。中には一輪車で駆けつけた人もいました。この男性は、普段も、一輪車で出勤する変わり者です。日本語で言えば目立ちたがりですが、良く言えば個性的です。

ひとりが、ポロシャツに短パンというスポーツ・ファッションできめてやって来ました。彼は入り口から入らず、わざわざ柵を跳び越えて入場しようと試みたのです。そこまでは良いのですが、着地に失敗して足を挫いてしまいました。そこまでハシャぐことはなかったのですが、その後、一ヶ月ほど松葉杖をついて歩くはめになります。

その松葉杖から解放された初日のことです。生徒、スタッフ、日本人の先生方は会うたびに、異口同音に「もう足は良いのですか」と、まるで申し合わせたようにおなじ質問をします。ところが、職員室に入ると、最初のアメリカ人の同僚の挨拶はまったく違いました。

——よう、もう走り高跳びやってるかい？（Are you high-jumping yet?）

その後も、一人として、おなじ質問をするネイティブはいません。

おもしろいことに、ネイティブだけで行なう会話と、そこに一人でも日本人の先生が加わったときの会話はまったく違うのです。ネイティブ同士の会話は、ユーモア、比喩、皮肉などで彩られた、知性の輝きがあります。日本人が加わると、それらの言葉の遊びは、一切、影を消し、まったく文字通りの会話になるのです。

松葉杖が取れた講師に対して、日本人の関係者は、まるで、申し合わせたように、一語一句、違わない質問をします。質問される当人は、うんざりでしょうが、この会話は会う人ごとに永遠に続いたでしょう。これでは、会話ではなく、儀式です。

一方、アメリカ人が、おなじ状況下で、まったく別な思考と発想で会話を始めます。「もうハイジャンプをやってるのかい」という質問は「もう足は良いのかい」を言っているだけでなく、行間には運動場の柵を跳び越えるという武勇伝に対する皮肉とユーモアが見え隠れします。

高度の〝話術〟を持つネイティブの先生も、生徒と接すると、文字通りの、質疑応答からなる、わたしが〈警察の職務質問型会話〉と呼ぶ、質問に対して、できる限り短い答えでなる会話に終止します。これが生徒にとっては英会話なのです。これは生徒の英語力からして仕方ないと思われがちですが、おなじ現象が、日本人講師との間でも起こるのは、特筆すべきことです。この英語こそ、わたしが若い頃、話していた英語なのです。

7　嫌われる中高年の生徒

講師室では、よく教室内で起こったことが話題になります。ある日、オーストラリア人の若い女性が憤慨して戻ってきました。もちろん、教室では平静を装いますが、先生の感情は講師室で爆発します。原因は、ある年輩の男性の生徒のコメントでした。わが国の中高年の男性は、どうもネイティブの先生に好かれないようです。

中高年の男性が好かれない理由は、彼らがモノ事を決めつけるからです。たとえば、議論の際に「彼が正しい」と断定します。これは〈目上の人の言うことは黙して拝聴する〉というわが国の文化的な風潮から出たことでしょうか、英語では「なぜそう思うか」という理由を言わず、断言することは「このわしがそう言うのだから」としか聞こえません。つまり、目上の者が目下の者を黙らせる日本語の話術にはウンザリするのです。

ここに登場する中年男性話法のチャンピオンも、例外ではなく、断言の連発で、普段から彼女に好感を持たれていなかったようです。さて、議論の最中に、彼は「欧米人は好戦的で、平和を愛す日本人と違う」と決めつけたそうです。理由を言わない相手に、執拗に食い下がると、最後につぎのように答えたそうです。

——それは、言うまでもなく、あなた方が肉を食する人種で、われわれ日本人は米を主食とするからだ。

確かに、獲物を狩り、殺して食べる肉食動物は、好戦的と取れます。一方、静かに草をついばむ草食動物からは平和な印象を受けます。しかし、このイメージ的思考を、オーストラリアを始め、他国から大量の肉を輸入して消費している日本人に当てはめるのは説得力がありません。

しかし、彼女が生理的に拒絶するのは、断定に断定を重ね、あたかも絶対真理のように、持論を押しつける中高年の態度なのです。説明を強要すれば、その根拠は、世界に通じない、日本社会の通念だったり、そして、それは論理的に軟弱なコジツケだったりするので、なおさら反発が強まります。

このエピソードには、この年輩の会社重役が、「肉食人種（carnivore）」を「人食い人種（cannibal）」と間違えるという、落ちまでついていました。しかし、この罪のない誤りは許すことはできても、知的な不快感を生む中高年の断定癖は、いい加減にしてくれというのがネイティブの本音のようです。

その他に、何があったか知りませんが、とにかく、彼女がクラスから戻ってきた時は、えらい剣幕で、「なぜ日本の紳士はここまで…な態度に出るのかわからない」と吐き出しましたが、肝心な…の部分はよほど強い言葉だったのでしょう。口に出しかねている彼女に、わたしが「鼻持ちならない（obnoxious）」と助け舟をだすと、彼女は大きくうなずきました。

8 流暢に英語を話すS先生

ある時、高齢で、温厚なS氏が講師の仲間に入ってきました。S氏はきれいな発音で、慣れた、流暢な英語を話す紳士でした。ネイティブの先生に対して、丁寧に、好意を持って、親切に、いろいろ教えてあげます。わたしと違って、ネイティブの先生とスタッフの間にも人望がありました。長年にわたって英語を使って仕事をしてきたのでしょう。語彙も豊富でした。

彼は、どのような質問に対しても、間髪を入れず、立て板に水を流すごとく、すらすらと答えます。問題は、彼がすらすらと数分かけて答える内容は、思考と発想を整理して言い直すと、時に、一文で言い切れることです。英語を話すとき、思考を濃縮して、簡潔に表現すること、これこそ知性の輝きと信じるわたしには、S氏が、なぜか、この点に関心を示さないことは驚きでした。

思考の濃縮ができなければ、当然、ジョークは言えません。わたしはその後、S氏と長年のつき合いになりますが、彼のジョークを耳にしたことは一度もありません。まるで英語は、ユーモア、比喩、皮肉等をたっぷり盛り込んだ、〈遊び心〉豊かな言葉ではないと言わんばかりです。つまり、彼は文字通り、奇麗な発音で、流暢に話すことを目標に、勉強をつみ、その目標を達成したのです。言い換えれば、S氏は、われわれが若い時代に憧れた〈英語をペラペラ話す〉を生涯をかけて達成した方なのです。

わが国では、実際に英語を話す機会は限られています。つまり、わが国の英語習得者のほとんどは、教養のために英語に挑戦します。しかし、この教養のために英語を覚えようとする人たちは、知的な会話を要求される運命にあるのです。一文に凝縮できることに、五分もかけて堂々巡りしていたのでは、いかに流暢に話しても、知的なひらめきは感じられません。

S氏は、目標を間違えたのです。わたしも若いときは〈英語をペラペラ話したい〉が目標でした。わたしと一緒に始めた仲間もおなじ目標を持っていました。この目標は国民的な願望だったと思います。しかし、わたしは、その過程で、英語は日本語とおなじように話す言葉ではないのでは、という疑問に取りつかれました。英語の会話術に触れ、本を読み、映画を見るうちに、日本語と英語は思考と発想の面でも異なる言語だと認識するに至ったのです。

一方、S氏は、この点に悩まされることなく、勉強を続け、見事に〈ペラペラ話す〉という目標を達成したのです。そして、今でも、語彙の至らなさを痛感して、日々、精進しておられると思いますが、目的はすでに達成しているのです。語彙の至らなさを感じて、日々、精進する点では、わたしもおなじです。しかし、違う点は、わたしは、思考と発想の強化という課題にも挑戦を続けています。

この濃縮思考こそ、わたしは英語と日本語の最大の違いだと信じています。日本語の思考の濃縮は、漢字を選ぶことで行なわれます。漢字は象形文字です。一方、英語は、アルファベットの表音文字を使います。もちろん、日本語の思考も、文を最小限まで煮詰める点では変わりありません。思考濃縮を漢字に頼るなどと言ったら、一笑に付されるでしょう。〝オッカムの剃刀〟は作家には欠かせません。しかし、日本語では、思考を濃縮する武器として、容易に、漢字が使われることは否定できません。

世界の名言集を読むと、歴史を超えて残る言葉は、思考が極限まで濃縮されています。著名な政治家、作家や思想家が、人間とそれを包む森羅万象を見事に濃縮した表現でとらえています。思考の濃縮は、ジョークの場合に限らず、詩、またわが国の俳句のように、知性を満足させるものです。しかし、その逆の、ペラペラと冗長な話し方をすることは、英語ではその逆の印象を与えるのです。

9　個人レッスン⁇

空き時間に、個人レッスン用のブースで本を読んでいると、隣でネイティブの先生が大学生と思われる若い女性と個人レッスンをしています。ところが、この女性は自分から会話に加わろうとはしません。つまり、自分から進んで発言しようという意図はなく、相手の質問に答えるだけという、まったく受け身の会話に終始しています。

実は、この現象は、彼女に限られたものではなく、個人レッスンを受けるほとんどの生徒に共通しています。英語ができないからしょうがないというのが理由でしょうが、メキシコで体験した、初心者でありながら、活発に、会話を展開する若いセニョリータたちを知るわたしには納得いきません。この結果、話しているのは先生だけで、生徒は、時折、短い返事を返すだけで、極論すれば、首を縦か、横に振って意思表現をするだけです。聞いていると、ほとんど外国人の先生の声だけが続きます。

つまり、高額の個人レッスン料を払って、その分、多く話すという個人レッスンで生徒はほとんど話していないのです。話しているのは先生ばかりです。英会話のうたい文句は「ネイティブと話せば生の英語が話せるようになる」ですが、これでは話していないのとおなじです。実際、一時間のレッスンで、生徒が話す時間を集計すると五分もないのです。これは会話を録音して、生徒が話した時間の統計をとれば明白で、わたしの教えていた学校では実際にこの分析をしたことがありましたが、五分話す生徒は珍しい部類に入ります。

また、よく聞くと、先生が会話を作っていて、生徒は先生の質問に「イエス」か「ノー」で答えるだけになっています。つまり、先生の「旅行は好きですか?」という質問に「イエス」と答えると、つぎに「国内旅行と海外旅行のどちらが好きですか?」が続き、間髪を入れず「国内旅行ですか?」が続き、生徒が「ノー」というと「海外旅行ですか」というように、「イエス」と「ノー」で答えれば良いようになっています。つまり、返事まで準備してくれて、首を縦か横に振れば良いだけになっているのです。

世界では、このような「イエス」と「ノー」だけの〈単語〉で応答することは〈あなたとは話したくない〉という意思表示でしかありませんが、これが、わが国の英会話の主流です。〈英会話〉と称しても、これでは英語の話術を覚えることはできないでしょう。

パーティーで「あなたは黒沢監督の映画が好きですか?」と話題を振られたら、相手が自分に興味を示していることを意味します。相手はあなたがどのような人間かを知りたいのであって、黒沢の映画が好きかどうかを知りたいわけではありません。つまり、相手の質問をあなたがどう料理するかで、あなたの知性が表現されるのです。（肉体的な魅力は一見してわかります。）その相手に「イエス」と答えることは「わたしはあなたに興味はない」つまり「あなたとは話したくない」という意思表示になるのです。

ネイティブの先生は質問を投じた後、考える時間を与える必要があることは承知しています。しかし、時間を与えると、往々にして、気まずい沈黙が続き、会話のリズムが壊れることも知っています。ネイティブの先生はこの沈黙に耐えられないのです。その結果「国内旅行と海外旅行はどちらが好きですか?」の質問のすぐ後に「国内旅行ですか?」と添えて会話を進めざるを得ないのです。

しかし、人間の心理とは不思議なもので、生徒はそのような自覚はなく、一時間じっくりと英語を話したという満足感で帰っていきます。一方、母国語で会話をするだけという簡単な仕事で、母国では考えられないような給与を手にするネイティブの先生はというと、このような会話は楽しめるはずはなく、精神的な拷問に近いものです。これが、一日の勤務後には、精神的に参ってしまう理由です。

さて、隣のブースの個人教授に戻りますが、先生が授業の終わりの挨拶をすると、何と、生徒の「サヨウナラ」がデュエットに聞こえるではありませんか。わたしは、思わず、立ち上がって覗き込んでしまいました。驚いたことに、もうひとり生徒がいたのです。きっと女子生徒のボーイフレンドでしょう。ふたりは仲良く個人レッスンを受けていたようです。なんと、この男性は、一時間のレッスンの間、少なくともわたしが隣に座ってから一語も発していなかったのです。わたしはレッスンの始めは聞き逃しましたが、多分、最初の挨拶はしたでしょう。

さらに、驚いたのは、エレベーターを待つ二人の会話でした。何と、レッスン中、一言も発しなかったボーイフレンドが「あー、今日は疲れた。外人と一時間びっちり会話したからなー」と実感を述べているのです。挨拶をしただけなのに、一時間びっちり話したとは大げさですが、これが生徒の実感なのです。

10 「なぜ」で始まる質問は鬼門

日常会話を覚えたいというのが、ほとんどの生徒が会話学校の門をたたく動機です。この〈日常会話〉とは、その正体を定義しにくい〈くせ者〉です。しかし長く教えていると、この本質は次第にわかってきます。つまり〈日常会話〉とは、英語で言う〈スモール・トーク〉のことなのです。

〈スモール・トーク〉とは、どこの国の人間でも、日常、よく交わすたわいもない会話で、よく、単純な質問と答えから成ります。その特徴は、答えを創る必要がない点です。つまり、学生ならば「何年生?」、「学部は?」、「クラブは?」等の質問、主婦ならば「お子さんは何人?」、「お子さんのお年は?」、「ご主人のお勤め先は?」というように、答えが存在していて、創る必要のない会話なのです。また親しい仲では「もう食事をすませた?」、「何を食べた?」等の質問からなる会話です。

一方「あなたはなぜそう思うの?」というような質問には、答えはなく、創る必要があります。このような会話を、わたしは〈創造的な会話（creative talks）〉と呼んでいます。これは「今の政権をどう思う?」、「なぜ人間は戦争をするのだろう?」という答えを創る必要のある会話です。また、「このソフトはどう使うの?」といった説明を要する会話です。

生徒は、総じて、この創造的な会話が苦手です。「誰と会ったか?」、「どこで会ったか?」、「いつ会ったか?」、「何をしたか?」で始まる質問は答えられるのですが、「なぜ会ったか?」で始まる質問を苦手とします。日常会話を流暢にこなす生徒も、この「なぜ?」や「どのように?」という質問をぶつけると、しどろもどろになります。

生徒に「なぜ?」の質問を投げることは、気まずい沈黙が続いて、クラスの雰囲気が壊れることを意味します。これは先生が一番恐れることです。そこで、英会話の先生は、生徒と自由会話を試みるとき「なぜ？」で始まる質問を避けるのです。ベテランの先生は、新米の先生に「なぜ？」の質問は避けるように忠告します。

このクリエイティブな会話が苦手な傾向は、上級生にも言えることです。上級クラスの生徒も、説明が下手で、「なぜそう思うか？」といった発言の理由を聞かれると苦労します。つまり、このクリエイティブの会話が苦手で、「スモール・トーク」に会話が限られるのは、わが国の英語習得者に共通な現象なのです。

確かに、おなじ言語機能を持ち、思考面でも似ているヨーロッパ語を母国語とする人たちと比較して、日本語を話すわれわれが、思考を英語で整理するのは大変なことです。さらに、共通な語源を持ち、単語も似ているヨーロッパ語間とは違い、中国語の影響しかない日本語を母国語とするわれわれが、まったく共通性のない英語の単語を正しく使って、思考をまとめるのは至難の業です。

つまり、日本人が英語で思考をまとめることは、宇宙人の言葉を使って思考をまとめるのとおなじことです。一方、スペイン語を母国語とする人たちが、英語で思考をまとめるときは、東京の人間が大阪弁で思考をまとめるようなものです。基本的には、発音と単語と文法を調整するだけで、思考面は共通しているのです。これがメキシコの語学学校のセニョリータたちが、最初から大人の会話ができる理由です。

アルファベットで組み合わされた、日本語と似ても似つかない単語を使って、慣れない文法に沿って文を組み立て、たとえば、言葉の基本であるイエスとノーの使い方からして違う英語で、思考をまとめるのは精神的に大きな負担のかかる作業です。創造的な会話になると戸惑うのは理解できます。しかし、上級生ともなれば、文法的な違いは理解しています。この言葉は覚えた上級生でも、思考をまとめて言葉にする分野に入ると、しどろもどろになるのはなぜでしょう。

狭い公園でゲートボールを楽しむ年輩者がいます。新入りにゲームを説明するのを聞くと、だらだらした要を得ない説明に終始し、結局は、ゲームをしながら覚えるはめになります。これはフランス人が、おなじようなゲームのペタンクを簡潔に、わかりやすく説明できるのと対照的です。またはアメリカ人が外国の友達に、アメリカン・フットボールの見所を簡潔に、わかりやすく説明できるのと対照的です。

結局は、言語の違いに加えて、教育の違いが現れるのです。欧米では子供のときから、親と議論をしながら育ちます。学校教育では、より創造性の高い言語使用が要求されます。高等教育では、大量のレポートを書かされます。つまり、あいまいな意見は受け入れられず、明白な意見を言えること、論理的に弁論できることを教育の目的にしています。

一方、縦型社会では、目上の人間の意見は、黙して拝聴するよう強いられます。堂々と持論を披露する新入社員は、暗黙の内に、異端者あつかいを受け、暗い将来を約束されるでしょう。この黙って目上の者に耳を傾ける若者が年輩になり、立場が逆転して、目下の者に説くことになります。思考表現力は、世代を追って、退化するのは当然です。

〝もの言えば唇寒し〟の風潮は現代でも根強いものがあります。一方、言葉による正当な自己弁護ができることが、英語圏では大人の証です。わが国の言語の抑制は、女性の場合、幼少時から、容赦なく行なわれます。「女の子は黙っていなさい」はよく耳にすることです。この弊害は現代にまで及んでいます。この教育の違いは、英語の習得に際して、無視できないのです。言い換えれば、英語で思考を整理できる人は、日本語でもそれができる人に限られるのです。

11 学校教育を含め二〇年の勉強で、口から出てくる英語は二語

アメリカ人の先生がマージャンを覚えたいと言いだしました。わたしも参加させてもらいました。わたしはポーカーは年季が入っていますが、マージャンはできないのです。上級クラスの生徒がコーチとして呼ばれました。この生徒は、英会話を習い始めてから十年にもなり、もう入るクラスがないので、そのような生徒を集めた特殊クラスに入っていました。

彼は来るなり、流暢な英語で挨拶を交わしました。スモール・トークを見事にこなします。ところがゲームの説明に入った途端、今までの流暢な英語は姿を消し、しどろもどろになるのです。これは、海外で英語を話す日本人の技術者を見ているわたしには、驚くに値しないことで、〈説明〉というクリエイティブな領域に入ると、流暢な英語（またはスペイン語）が役に立たなくなるのです。

また、英会話を教える外国人の先生にとっても、この現象は珍しいことではなく、流暢な英語を話す生徒が、クリエイティブな会話になると、突然、頼りなくなるのは一般的な現象なのです。このマージャン教室でも、例外なく、この現象が起きて、説明になると、時間ばかり浪費して、わかりにくいので、わたしが説明を通訳し直すハメになりました。しかし、わたしはゲームをよく知らず、ゲームを覚えるのが目的なので、そうそう説明に関わってばかりいられません。

さて、数時間後に、彼はアメリカ人の後ろに座り、個人指導の形になりました。そして、生徒がパイを持ってくる度に、それが必要なパイならば「要る。要る（Need. Need.）」という動詞を繰り返し、必要ないときは「要らない。要らない（No need. No need.）」を繰り返すだけになりました。アメリカ人も、わからないときは、「要る?」、「要らない?」で聞き返すようになったのです。その後の意思疎通は、すべて、この限られた語彙で行なわれました。

つまり、彼の英語が流暢なのは〈スモール・トーク〉の範囲内だけで、会話が〈クリエイティブ〉な分野に入ると、英語を勉強したことがないのではと疑われる「要る。要る」と「要らない。要らない」という二語のコミュニケーションになってしまったのです。ゲームの進行を妨げないため、できるだけ簡潔で、要を得た説明が望まれるのはわかりますが、これでは肝心の「なぜ必要か?」と「なぜ要らないか?」はわかりません。

そのため、哀れなアメリカ人は「なぜか?」を無言の内に推測するはめになります。これは、言葉で〈教える〉ではなく、やりながら〈覚える〉になります。これが、海外で目にする日本人の技術者の教え方でもあります。〈言葉で教える（teach）〉ことができない彼らは、〈やって見せて教える（show）〉しかないのです。

クリエイティブな領域に入ると、わが国の英語の達人の英語は、突如、しどろもどろになるのです。これは異質な言語を使うせいです。しかし、クリエイティブな教育を受けていないのも一因です。日本語を一生使ってきた年輩者が、ゲートボールの説明をうまくできないのに、若者が、それを英語でできるはずはありません。

もちろん、わが国には、簡潔で、要を得た説明ができる人はいます。これらの人たちは、英語を覚えれば、英語でもおなじことができるはずです。わたしの知っている作家は、見事に言葉を定義します。それは学校教育のお蔭ではなく、彼がモノを書きながら習得した〈思考を濃縮して言葉にする〉技術なのです。またお笑い芸人の中に、自分の話術を持つ者がいます。さらに、独特のユーモアを持つ人もいます。これも言葉を商売道具とする環境と生まれ持った才能を磨いた賜物でしょう。わたしには学校教育が貢献しているとは思えません。

クリエイティブな会話と言えば、生徒の多くは、驚くことに、簡単な「山」や「川」を言葉で描写することさえできないのです。つまり、それらの概念を言葉で定義できないのです。このマージャンの先生の、英会話の上級生に「山」を英語で定義させても、きっとできないでしょう。「山とは何か」を言えないのに「持って来たパイがなぜ必要ないか」を説明できるはずがありません。

12　クラスだって?!　死体安置所さ

新入りのアメリカ人の先生がクラスを終えて戻ってきました。彼は四〇代の後半で、来日して、妻と一緒に教えていました。彼はアメリカ人には珍しく寡黙で、内向的で、感受性が強いタイプでした。一方、妻の方は典型的なヤンキーで、性格も明るく、ずけずけモノを言う、正反対のタイプです。英会話の先生には後者の方が向いているのです。

妻が「クラスどうだった？」と聞くと、彼は苦々しく答えました。「死体置き場さ」。妻が心配していた通りでした。彼はクリント・イーストウッド演じるダーティー・ハリーのように、必要なときだけしか口を利かないタイプです。しかし、口を利くときは、濃縮した思考を端的に決められる点でも、ダーティー・ハリーでした。これではクラスは重苦しい沈黙に包まれてしまいます。

わたしは好んで彼と話しました。わたしはスモール・トークよりも、意味の深い会話をする、英会話の先生には向かないタイプの人間が好きなのです。しかし、心配した通り、彼は少しずつ精神疲労が重なり、体調をくずし、半年で妻と一緒に日本を出ることになります。彼にとって、生徒との内容のない会話は精神的な拷問だったのです。

特に、彼を苦しめたのが、生徒の沈黙でした。生徒は先生が誘導して会話を導かない限り、自発的に会話に参加しません。また、外国語で意見を組み立てる難しさのせいでしょうか、往々にして、話の内容まで思考が及ばないのです。彼のように、人の話を真剣に聞き、真摯な意見を言う人間には、この表面的な会話は知性を侮辱するものです。

この生徒の沈黙は、彼にとって、正に精神的な拷問でした。生徒は意見を言いやすい雰囲気を作ってやり、好きな話題を提供してやり、言葉を文字通り、舌の上に乗せてやらない限り、自発的に話そうとはしません。そして居心地の悪い沈黙が始まると、全員は貝のように口を閉ざしてしまうのです。意見を言うものはなく、質問をするものはなく、先生の質問に答える人さえいなくなります。つまり、教室は、彼の言うように〈死体置き場〉と化すのです。

この状態を恐れるために、わが国の英会話学校の先生は必死の努力をするのです。わたしは慰めの気持ちを込めて、彼に言いました。「台湾で教えたら、うまくいくよ」。わたしは台湾でも英語熱が高いことを知っていました。そして、日本から台湾に渡って英語を教える、元同僚たちの話も聞いていました。

その後、この夫婦から台湾で英語を教えている旨の手紙をもらいました。台湾で、彼の健康は快復したそうです。おなじアジアにありながら、台湾の生徒は恐れず発言して、自発的にクラスに参加するとのことです。わたし自身も、以前、台北を訪れた際、空港からのバスの中で、乗客が、見ず知らずのアメリカ人に積極的に英語で話しかけているのを見ています。台湾の人たちは、英語さえできれば、気楽に外国人と会話できるのです。日本人のように、そのために、勇気を振り絞る必要はないようです。

この都合が悪いときは黙りこくることは、わたし自身も外国で体験し、そのつど自分の子供っぽい態度に呆れた思いがありますが、これは大人の態度ではなく、まして、自発的に会話を習おうという人の態度ではありません。アメリカ人は、個人攻撃や批判には、平然と対応しますが、この生徒の消極的な沈黙という事態には無防備のようで、神経衰弱になり、胃もやられるわけです。

会話を覚えたい人が、会話することを恐れるという理解を越えた態度に出るのですから、先生としてはどうして良いかわからないのは当然です。そうかといって、教室を出ていくわけにはいきません。この会話を覚えるために金を払った〈話す〉権利を、自分から放棄して黙りこくるのは、そのような状況を作った先生に対する抗議としかとれず、その連続が、彼の神経をすり減らしたのです。

このような状態が度重なると、生徒は事務所に先生を変えてくれと要求してきます。自分たちが消極的で、自発的に会話をしないことを、それができる雰囲気作りをしない先生が悪いと考えるのです。つまり、先生はベビーシッターなのです。これでは、外国で、パーティーに参加しても、会話に参加できず、部屋の隅でひとり黙って立ち尽くすことになるのが落ちでしょう。大人の会話はベビーシッターなしでできなければならないのです。

英会話学習に意義があるとしたら、究極的に、外国人から〈話術〉を盗むことです。しかし、これは真剣勝負をして、初めて可能です。ベビーシッターを離れ、自分の力を信じて、果敢に挑戦するしかありません。そして〈痛い目に遭って覚える〉しかないのです。

13 討論できない

生徒は、たとえ上級生でも、討論ができません。無理にさせても、結局、スモール・トークで始まり、スモール・トークで終わります。理由は明白で、討論術を知らないのです。考えてみてください。討論することは、わが国では決して、奨励されることではなく、むしろ、討論を好む人は煙たがられます。目上の者に討論を吹っかけたりするものなら「理屈じゃないんだよ!」と嗜められます。

そこで、生徒は討論を避けるだけでなく、恐れる気配さえあるのです。また、討論をすぐ個人的な攻撃と取って、感情的になる傾向があります。つまり、討論を理解していないのです。著名な英語の先生で、討論は勝つことが目的だと、討論の本質を誤解している人もいるほどです。これは、たぶん、誤って法廷関係(forensic)のハウツーものを読んでしまったからでしょうか。確かに、法廷では、検事と弁護士の答弁は勝つのが目的です。

わたしは、討論とはテーブルを囲んで、テーブルの真ん中に置かれた〈物体〉の正体を見極めるために行なう話し合いのようなものだと考えています。対象の物体は見る角度によって違うので、その像を見極めるには、角度の異なる見方が必要です。おのおのの見方を持ち寄って、じっくり話し合うことで、次第に全体像が見えてくるのです。反対側に座った人は、当然、まったく別の見方を出すかもしれません。しかし、それは、また正しい見方でもあるのです。

さて、自分の角度から見たものが自分の意見です。しかし、もの事をあるがままに見るためには、共通の見方が要求されます。加えて、道理にかなった、筋道の通った表現が要求されます。生徒はこれもできないのです。生徒の能力を知るのは簡単です。周知の言葉を定義させればわかります。たとえば「〝山〟とは何ですか？」と言葉で描写させます。生徒は山をあるがままに見ること、そして、それを簡潔に表現するのを苦手とします。これは英語を話すハンデのためではありません。日本語で言い直させてもできないのです。つまり、「山」という概念は持っていても、それを言葉にできないのです。また、窓の外を見ている生徒には「窓」を定義させます。すると、その定義は、見たいようにもの事を見る思考が裸になるのです。「えー、窓はガラスでできていて……」。ガラスの製造を知らない時代にも窓はありました。

ある教養のある中年の婦人は「山」をつぎのように定義しました。「山とは、一年中、豊富な緑に包まれ、多くの動植物の住む場所です」。つまり、この女性は、森羅万象を自分の見たいように見ているのです。この定義は「平原」も含んでしまいます。また、世界には岩石だけで形成されている山があり、緑は必ずしも必要条件ではありません。

知人の作家は山を「地表の大きく隆起した部分」と表現しましたが、これは言葉が彼の商売道具だからで、わたしの体験では生徒の中でまともに山を言葉にできる者に会ったことはありません。これは議論以前の問題で、「山」という概念を言葉にできなければ、自分の意見を言葉にまとめることは、当然、できません。また、厳しい言い方をすれば、「山」は知っていても、それを言葉にできないのは、クリエイティブな言語を持たないことです。これは日本の家庭教育と学校教育に、個人の思考を育てるという目的が欠けているからです。子供は無限の才能を持って生まれてきますが、それを若葉のうちに摘んでしまうからです。

わたしも、和式英語の達人だった頃、日本史を研究する米国の若い学者に「日本語ができずに日本史がわかるはずはない」という議論を吹っかけましたが、その根拠は自分勝手な思い込みに過ぎませんでした。それを執拗に返して、相手の意見には耳を貸さなかったのです。いま考えると、思考と表現の未熟さに赤面します。その後、思考表現を強化するために、努力しましたが、その最大の動機となったのは、自分が抽象的な言語を持たないと自覚したことでした。

日本の教育制度を呪ったこともありましたが、そんなことをしても抽象的な言語が身につくわけではなく、英語とスペイン語を通して、それを身につけるようになりました。つまり、外国語で、抽象的な思考と表現を身につけるという逆のコースをたどるハメになったのです。これらのヨーロッパ語を通して、もの事を〈あるがままに見る〉努力を始めると、当然、日本語でも、それができるようになります。そうすると「窓」とは「壁に開けた穴」であり、その目的は「空気と光を通す」ことだと、あるがままに見えるようになります。こうして、初めて、議論ができるようになるのです。

その後、英語を教えながら、わたしは〈思考を言葉にまとめる〉最速の方法を見つけました。それは英英辞典で遊ぶことです。まず、具象的な言葉を選び、それを定義した後、英英辞典の定義と比較します。やってみると、これが思ったより難しいことがわかります。これを続けると、英語がいかに論理的な言葉かがわかります。また、言葉の定義は辞書によって違うこと、そして、そのどれをとっても正しいことに驚かされるでしょう。

具象的な言葉が定義できるようになったら、つぎは抽象的な言葉を定義してみましょう。「色とは？」、「光とは？」から「平和とは？」、「嫉妬とは？」に挑戦しましょう。それができるようになったら本物です。つぎに動詞を定義してみてください。簡単な言葉ほど、定義に手こずることがわかるでしょう。たとえば、目を開くというときの「開く」を定義するのです。つぎに本を「開く」に挑戦しましょう。この遊びを続けると、どんな言葉でも論理的に定義できるようになります。

この遊びは、英語の思考がわかるようになるだけでなく、語彙が増えるというおまけもあります。自分の見方を持ち、筋道を立てて言葉にまとめるようになります。モノ事をあるがままに見るには、社会の通念を離れた〈自分の眼〉を持たねばなりません。〈自分の意見〉を述べるためには、個人性が要求されます。そうしないと、慣習的な見方（集団的思考）しかできません。国際レベルの討論能力を育てるには、自分を取り戻し、自分の眼で見て、自分の頭で考えることが必須なのです。

14　だってもうランドセルを買っちゃったもん

猫のひたいほどの公園の砂場で遊んでいる子供がいました。女の子はわたしに話しかけてきました。

――ゆみちゃん四月から小学校へ行くの。

わたしはちょっと意地悪な質問を向けてみました。

――どうして学校へいくの?

英会話の生徒には禁句の「なぜ」の質問をしてみたのです。ゆみちゃんは遊ぶ手をとめて、しばらく考えた後、つぎのように答えました。

――だって、もうランドセルを買っちゃったもん。

可愛い答えです。しかし、この答えでわかるように、ゆみちゃんは家庭教育では、論理的な思考は身につけていません。外国の子供と比べると、小学校に入る時点で、すでに教育の差が見られます。これは子供を育てる際、大人扱いする外国と、子供扱いするわが国の教育方針が生んだ現象です。子供を大人の予備軍として育てる外国と、子供扱いして、あくまでも子供として育てる違いの産物です。

それでは、学校教育で大人の論理思考を身につけるかというと、そうとも言えません。わたしは生徒におなじ質問をしてみました。それは朝クラスで、生徒は子育てを終えた婦人たちがほとんどで、引退した男性が一人いるだけでした。知的な主婦たちです。質疑応答型の会話は見事にこなします。そこで、わたしはおなじ質問をしてみました。

――皆さん、子供に〝なぜ学校へ行くの〟と聞かれたら、何と答えますか？

かなり長考の末、一人がつぎのように答えました。すると、つぎつぎと皆が賛同しました。

――お友達を作るためよと答えるでしょう。

「友達を作るため」は、英語では「社会に入るため（socializing）」と言います。意味は少し違いますが、家庭を出て家族員以外の人たちとつき合うことです。子供の場合は、まず、おなじ年頃の子供とのつき合い方を覚えることをいいます。これは、幼稚園で始まり、近所の子供と一緒に遊んだり、誕生パーティーなどを通して覚えていきます。

外国の親ならば、おなじ質問にこう答えるでしょう。

――これから生きていくために、必要な知識や技術を身につけるためよ。たとえば、読んだり、書いたり、数学をしたり、そのほかにも、いろいろおもしろいことを覚えるのよ。

つまり、わが国の学校教育では、論理的な思考は育たないようです。学校教育でも論理思考が育たないならば、後は、読書しかありません。しかし、この読書も、最近はテレビとマンガに置き換えられています。さらに、読む本のほとんどは日本人の思考と発想を反映したものです。そうすると、論理的な思考と発想は、外国語を通して学ぶしかありません。

家庭教育とおなじく、没個人性を目的とする学校教育も、当然の結果として、個人の思考を軟弱にします。自己主張は、特に女性の場合、嫌われます。自分の主張を控えるのは相手を思いやることから発していると考えるなら、このこと自体が、相手の知性を侮辱することです。逆に、論理的に、納得のいく、自己主張、自己弁護のできる大人に育てるのが外国の教育です。

このわが国の教育方針は、また、ユネスコの目指す教育方針と相反します。個人性を犠牲にして群れて生きるという哲学は現代の国際社会には適しません。赤信号も皆で渡れば怖くないという考え方は弱者の哲学です。安全のため、集団登校をさせても、居眠り運転のトラックはその中に突っ込みます。

この没個性を追求する教育は、言いたいことを言えない人間を生みます。善意で席をゆずることにも勇気を必要とする人間を生みます。知らない人に笑顔で挨拶をするにも勇気が必要な人間を生みます。そして、英語を話す時も「こういう時は何と言えば良いの？」と、自分の意見を、人に聞かなければならない、自主性のない人間を生みます。

それに反して、個人性の強い社会では、言いたいことを言うことができます。そこには、「黄金律」を守るという但し書きがつきますが、要は、人に言われたら嫌なことを人に言わなければ良いのです。このような社会では、個人の思考は強化され、言語使用は発達します。世界では、自分の所見を堂々と述べ、不条理な批判に対して、堂々と自己弁護をする術を身につけて、初めて一人前の大人なのです。

英会話の学校で新人の外国人先生が洗礼を受けるのが、まず、生徒の要点を控えた要求です。先生に暖房を入れて欲しいとき「先生、寒いんですけど」と言うのです。そして要求の本筋「暖房を入れてください」は相手の推測に任せるのです。この思考法は「暖房を入れていただけませんか」と要点を言った後「寒いんです」と理由を言う英語の発想の逆です。

おなじような思考をする、日本人同士の会話ならば、理由を述べて、要求を想像させるという話法は成り立ちます。しかし、個性の強い社会でははっきり要求せずに、要点を相手の想像にまかせる手法は、奥ゆかしい、遠慮深い思考ではなく、小心で、誤解の可能性を含む危険な手法なのです。この要点を明白にしない思考法は、わが国の外交面でも顕著です。

貿易摩擦が良い例です。戦後の日本とおなじように、低賃金を背景に経済の急成長をとげている中国では「貿易摩擦」という言葉は聞きません。津波のように押し寄せる中国製品に対し、米国は、対日貿易の時とおなじく、いろいろな要求を掲げます。しかし、中国はこれを内政干渉として平然と無視します。

そうすると、貿易摩擦とは日本人の小心さが生み出した幻想だったのでしょうか。そして米国を、これ以上、刺激しないようにと、自分から車の輸出規制にでた、日本人の思考は世界に理解されるでしょうか。その善意は感謝され、後に、互恵的な見返りを受けるでしょうか。逆に、その小心振りは世界の笑いものになったのではないでしょうか。要求を明白に言えない、言葉で自己弁護をできない国家は、あらゆる面で不利になります。子供の国です。

15　ネイティブの先生の真価

生徒が自分の意見をまとめて、簡潔に、わかりやすく言葉にできないのは、もちろん英語力の問題もありますが、問題は思考の整理能力なのです。自分の考えを論理的に言葉に整理できなければ、議論も討論もできません。自分の意見を明白に言葉にするのは「窓」という概念を明白に言葉にするのとおなじです。それができて初めて〈クリエイティブな言葉〉を持つということです。あるクラスで経済的な問題を議論しようとしていました。わたしは、まず、つぎの質問をぶつけます。

――〝経済〟とは何ですか？　簡単に定義してください。

――……

生徒は、口をそろえて「難しい」と首を横に振るばかりです。わたしが英語圏の人間はそんなことは朝飯前ですよ、というと生徒は信じられないという表情をします。そこで手の空いているネイティブの先生二人を連れてきて協力してもらいました。生徒は、二人に質問をぶつけました。

――〝経済〟とは何ですか？

――お金の管理です。(The management of money.)

驚くほど簡潔な即答です。

――たとえば家庭規模で言えば、収入と支出を合わせることです。これがホーム・エコノミックスです。

その後も、生徒はいろいろな分野の単語をとり上げましたが、彼らはいとも簡単に、つぎつぎと定義しました。一人は幼少時に脳炎を患ったということで、思考能力が少し落ちると疑われるアメリカ人でしたが、その彼もつぎつぎと彼流の定義を出しました。もう一人は留学生でしたが、彼は生徒の質問に間髪を入れずに、あたかも準備してきたかのように、見事に定義をしていきました。また、ある時は、生徒にあらかじめ難しいと思われる言葉を準備させてからネイティブの先生を呼び、挑戦させたこともあります。生徒は、英語圏の人たちが、ことも無げに、難しい言葉を定義していくことに驚きを隠せませんでした。

この実験は、わたしが独立して英語塾を始めてからも続きました。ある日、わたしの娘がクラスを訪ねてきたとき、わたしは、いつも言葉の定義で悩まされている生徒に、この機会を利用して彼女に、難しいと思われる言葉の挑戦を受けさせました。娘は授業後に食事をするために訪れたので、何の準備もなく、突然の挑戦を受けることになりました。生徒はここぞとばかり定義が難しいと思われる単語をくり出しました。「色とは何ですか?」に対して、娘はことも無く「色素（pigment）」という言葉を使って、光波が網膜で認識される過程を小学生にでもわかるよう簡潔に定義しました。「光を定義してください」には、「発光（radiation）」という言葉を使って光波が網膜に認識されるプロセスを説明しました。生徒たちはあっけに取られるばかりでした。

これは当然で、インターナショナル・スクールに通う娘を見ていると、その〈クリエイティブ〉な教育は驚きの連続でした。小学校三年生の時の出来事です。宿題で、言葉を覚えていました。つぎの単語の意味を書きなさいという問題です。単語の中に「宇宙」という言葉がありました。小三の子供が「宇宙」をどう定義するのか興味を持って見ていると、彼女はことも無げに「すべての存在（whole existence）」と定義しました。小学校から「宇宙」を定義できれば、大人になって「色」を定義できるのは当たり前です。

余談になりますが、娘の教科書はすべて、生徒が独創的でクリエイティブな人間に育つように制作されています。たとえば歴史の教科書を見ると、いろいろな出来事が記載されていますが、各章の後は「なぜこのようなことが起こったのでしょう」という質問があります。そして「親や兄弟と議論してみましょう」で終わっているのです。史実と年号を棒暗記させる教育は、生徒の歴史に対する興味を半減するだけです。さらに、年代を西暦とわが国の年号の二つで暗記する無駄があり、また、世界史の登場人物名がカタカナ名なので、習った通り発音しても世界に通じません。

わたし自身が、その犠牲者であり、英語でも、スペイン語でも、話題が歴史に触れると、何も言えないのです。スペイン語圏の人間は名前や地名を、母国語で言っても英語で何とか通じるのですが、カタカナ名では歯が立たないのです。メキシコのソノラ大学の学生寮に住んだときは、笑い者にされたものです。地理についてもおなじことが言えます。これでは英語ができる、つまり教育があるという立場は地に落ちてしまいます。その後、わたしは最低限度の教養ある会話ができるよう、英語の歴史書で、歴史を学び直しました。英語では、歴史は、人間の大河小説としておもしろく読めましたが、人名・地名を全部覚え直すのには閉口しました。わが国の教育はクリエイティブでないだけでなく、国際性もないことが身にしみてわかりました。

16 魚はどこに生息するか？

生徒は、単純な質問にも、クリエイティブな要素が入ると、必要以上に苦労します。これは、一概に、外国語を話す時に起こる問題として片付けるのは性急です。たとえば「魚はどこに生息するか?」というような単純な質問に対しても、問題の対処法を外に求め、慣習的な答えを模索して時間を浪費するのです。逆に、英語のネイティブは、質問を自分の内に取り込み、まな板の上に乗せ、好きなように料理して、個人色の濃い答えを出します。

外（慣習）に答えを求める人は、頭に浮かぶスティル写真をつぎつぎと「海、河、湖……」と挙げていきます。一方、質問を自分の内（個人思考）で料理する人は、まずエラ呼吸ができる場所、つまり「水中」と答えを整理して、その後に、必要とあらば「海、河、湖……」を例として添えます。つまり、思考はビデオ画像のように活発に動いて、進展しているのです。実際、試してみると、スティル思考をする生徒はビデオ思考をする生徒を数で上まわります。

実際、このスティル写真思考の傾向は強く、多くの生徒が「旅行では何をしましたか?」というような単純な質問にも詰まっています。そして重々しく口を開くと、体験をスティル写真として一枚ずつ披露します。また圧倒的に多くが、旅程スケジュールを列挙します。これでは聞く人は退屈するだけです。思考を整理して「いろいろしました」と即答した後、例として、おもしろかったことから話すか、驚いた出来事から話すか、相手にとっても、自分にとっても興味ある話をする人は少ないのです。

個人の思考が活発に働かなければ、会話は凡庸になります。慣習的なやり取りに終始すると、思考が軽薄になったり、退屈な会話に終わってしまいます。独創的で、遊び心に富んだ、英語の会話は、強い個人性から生まれるのです。日本人が英語を話すとき、この強烈な個性の欠如が目立ちます。国際社会では、目立つまいと努めれば努めるだけ、逆に、マイナス面が浮き彫りになり目立つことになるのです。しかし、日本語で話すときは、個性のある、おもしろい人は、英語で話しても、退屈な話はしません。たとえ、うまくユーモアを表現できなくても、その意図は評価されて好感を持たれるものです。

会話をおもしろくできないのは、そうしようという意図がないからです。これは没個性教育の弊害です。個人性が軟弱だと、こういう時はこういう、ああいう時はああいうという慣習的な返答を模索し、会話を楽しむ方へ気持ちが向かないのです。個人性が弱いと、会話の展開も、人任せになります。この社会の通念を述べて、慣習的な返答で逃げて、相手に話を進めてもらう態度では、英語の会話は楽しめません。会話には積極的に参加して、独自の見解を述べましょう。

この個人性の軟弱さは、語学の勉強そのものにも影響を与えます。強い個性を有する人は、フランツのように、新しい挑戦を恐れません。自主的に目的に立ち向かいます。自分がしたいことをするのだから、積極的になるのは当然です。一方、個人性の弱い人は、英語を学ぶのも、人の影響からだったり、また始めても、勉強も他力本願だったり、受け身で、自分から進んで目的を達成する気持ちが弱いのです。つまり、良い意味での欲がないのです。

われわれは〈中庸の美〉を美徳と考えます。しかし、世界では、この概念を〈一般的な凡庸化（general mediocrity）〉と見て、奨励するより、むしろ避ける傾向があります。教育の目的も一般的な水準を上げることは当然ですが、むしろ、優れた人間の才能を伸ばすことにあります。個人の才能が、改革、進化の原動力になると考えるのです。革命的な発明や発見は個人の頭から生まれることは歴史が証明しています。自然科学の面をみても、ガリレオやアインシュタインといった個人の頭が、科学の進化をそれぞれ百年早めたと言われます。

わたしは教育の究極の目的は個人を育てることだと思うのです。それに反して、わたしが身をもって体験した〈没個性の教育〉は優れた人材を育てるより、むしろ、底辺を押し上げるための教育だったと思えてならないのです。そのために、才能豊かな子供を日本人という鋳型にはめ込む教育、その結果の一般的な凡庸化は、他の言語を覚えても使えないという欠陥として現れるのだと思います。

すばらしい才能は国籍を越えた、人類の財産です。わたしは、わが国の教育が多くの才能の芽をつぶす方向に向かっているのではないかと懸念します。当然、この障害を乗り越えて才能を発揮する人間もいますが、外国の教育と比較したとき、個人の才能を伸ばすより、日本人の鋳型をはめ込む教育は健全な教育とはいえないでしょう。

17 先生は偉いんですね。テレビに出たらどうですか

さらに、われわれが無意識に継承する文化の中に、言語の抑制があります。これは幼少時に始まり学校教育を通した〈没個性〉教育の一環です。この伝統的な没個性を強いる教育は、外国語を習うとき、言語学上の手かせ、足かせとなるだけでなく、外国語を覚えた後でも、思考に影響を及ぼすのです。言葉の抑制は、自由思考の抑制につながり、その分、集団的な思考を強化します。わたしも、まさに、この犠牲者でした。しかし、より自由にモノを言う社会を知り、この呪縛から逃れる努力をしてきました。

友達や、愛してくれる人たちの助けを借りて言論の自由を少しずつ勝ち取ったのです。集団思考しかできなかった若者が、抑制の少ない、自由な言葉を勝ち取っていったのです。集団思考から個人思考に移ることによって、わたしは自由にモノを考え、自由にモノを言える人間に変わっていったのです。もちろん、自由にモノを考え、言うためには、個人の良識が必要です。また一定の規定があります。わたしは、このルールは黄金律（Golden Rule）だと信じています。

この個人の良識を、ラテン・アメリカの友人たちは〈教育〉と呼びます。この民間の定義によると、教育のある人間とは、当然、人としての道徳観、倫理観、マナーを持つ人間です。その上に、黄金律（人にされたら嫌なことを人にするな）が加わります。つまり、人に言われたら嫌なことを他人に言わない。これさえ守れば、個人は自由に思考し、自由に発言できる社会があるのです。

わが国の言語の抑制は、気づいている人は少なく、犠牲者は少ないように思われますが、実は、潜在的な犠牲者は非常に多いのです。見方によっては、国民全体が犠牲者とも言えます。夜を徹したテレビ討論番組が流行したことがあります。その先駆的な番組を見ると、これからの日本の指導的な立場になる人たちが集まり「なぜ日本はダメなのか」という課題で、歯に衣を着せない、自由奔放な議論を戦わせるとのことです。

ところが、始まって間もなく、地方政治にかかわる参加者の一人が、言論の自由を制する発言をします。「わたしのような現場で汗を流す者にとっては、離れた場所から言いたいことを言う人たちには我慢できません」。このキューに参加者は敏感に反応します。この一言で、自由な討論をする意気は一気に萎えるのです。自由に討論しようとする人たちがみずから言論の自由を奪うのです。

この言論の抑制が、日本人が外国語を覚えるとき、大きな障害になっているのは、生徒に接するまでもないでしょう。個人の思考と発言を抑制された人は、慣習的に許された話し方に逃げ口を求めますが、「外国人と外国語で話すとき」という新たな状況では、自分を失うのです。自由な発言を求められても、こういう場合、こう言うという判断を失って、生徒は重い口がさらに重くなるのは当然です。

あるクラスで、わたしが、いつものように、レッスンから脇道に逸れて、社会批判を展開していると（これも生徒の個人の意見を持たせるためですが）、ひとりの中高年の女性の癇にさわったのでしょう、つぎのように発言しました。

——先生は偉いんですね。テレビに出られたらどうですか。

彼女の言いたいことは「そのような批判は偉い人がすることで、一介の英会話教師のするものではない」ということです。言論の自由を勝ち取らなければ英語を覚えても意見を言えませんよ、と主張するわたしに言論の抑制をかけてくるのです。

わたしが、いつも、自由に批判を展開するのは、言葉だけでなく、英語の思考を学んでほしいからです。しかし、わたしが話しだすと、普通は、それが何の話であれ、一分後には、生徒は、全員が首をタテに振りながら同意し続けます。これは生徒が、自分の思考を捨てて、先生の意見には同調すべしという慣習が支配するからでしょうか。この生徒の反応は、ネイティブの先生を驚かせます。時に、議論を引き出すため、極論を展開しても、生徒は賛同するだけなのです。

この中高年の女性の反応は、四〇年間の英語教授の中で、最初で最後の体験でした。この田園調布のお金持ちの女性は、わたしの意見の中に、腹に据えかねるコメントがあったのでしょう。しかし、そうであれば、なぜ「それは極論だと思いますわ。わたしはこう考えますけど……」と反論をしないのでしょう。なぜ、わたしを黙らせようとするのでしょう。これは、断定しまくり「このわしがそう言うのだから」を理由にする中高年の男性の態度にそっくりです。

それよりも不思議なのは、この例外を除けば、生徒は、なぜ、先生に一〇〇パーセント同調するのでしょう。なぜ先生の言葉を、絶対真実のように、首をタテに振りながら受け入れるのでしょうか。ここに、目上の人の話は、黙って拝聴するという、自由な思考と発言を抑制するしつけと教育が垣間みえます。自由にモノを言えるのは、その資格のあるテレビに出る有識者だけという認識を持つ人が、どうして自由に英語で意見を披露できるでしょうか。

18　意味のない発言

このような言語の抑制がクモの巣のように張り巡らされた環境では、会話は、型にハマったものになり、その延長には、日本人だけしか理解できない思考・発想が生まれます。その表現法が、たとえ「……でございますわね」といった洗練された口調で行なわれても、英語では、この口調は生きず、思考の軟弱さをカバーすることはできません。この日本人独特の発想と思考は、その弱点を現します。思考・発想の面でも、日本人の常識は世界の非常識なのです。

ある日、表参道の回転寿司で昼食をとっていると、日本人の紳士が、ビジネス関係者と思われる外国人を二人連れてわたしの横に座りました。さて、外国人が、これから食べようとした時です。日本人紳士がつぎのように言いました。

――本来は、寿司は手でつまんで食べるものです。

食べようとしていた二人のハシがピタリと止まりました。

外国人は、日本人の英語は理解しました。しかし、彼らは発言の意図をつかめないのです。二人はすばやく周囲を見渡しました。みんなハシで食べています。この時点で二人の注意は、自然を装いながら、日本人紳士のつぎの言動に注がれました。紳士は無頓着に、ハシに手を伸ばしました。二人は、ホッとしたように、目の前を流れるスシを、ハシを使って上手に食べ始めました。

外国人にとって、すべての発言は意味あるものです。食べる寸前に「本来は寿司は手でつまんで食べるものだ」という講釈は「そうしたらどうですか」という提案に響くのです。外国人にとっては、むしろハシを使って食べるのは、風流な趣があるだけでなく、日本文化の理解度を示す機会でもあります。彼らの手が止まったのは、そのままハシで食べると、友人の発言を無視することになるからです。

一方、日本人は、時と場所を問わず、日本独特の文化は、外国人は知らないと決めつけます。そして、機会あるごとに、それを教えるのは日本人の義務と考えます。さらに、この日本人の不用意なコメントからは、幼稚な自負心が見え隠れします。没個性の社会では、他人の知らない知識のお披露目こそ、自己の優位性を主張できる場なのです。この日本人の紳士も、この縦型社会で、自分の地位を少しでも高めたいという意欲を無意識のうちに、披露してしまったようです。

しかし、このような日本人独特な〈慣習的な思考〉の基盤を持たない外国人は、当然、相手の発言の真意を読み取れません。たとえ寿司通でも、来日すると、講釈を受けるはめになります。このような場合、外国人が「いや、国でもよく寿司は食べていますよ」と、相手に挑戦することは、大人げない態度です。自分で言っておいて、舌の乾かぬうちにハシに手を伸ばす招待者を見て、コメントが、単なる、見識を誇示するためのものであることはわかりますが、反論をくり出す理由はありません。

また、この日本人の発言は、仮に、相手が初めて寿司を食べる外国人を想像しても、適切とは言えません。相手を思いやるならば「本来、寿司は手でつまんで食べるものです」では、ほかの客はハシで食べている説明になりません。「しかし現代では、ご覧の通り、みんなハシで食べます。一番良いのは、食べたいように食べることですよ」とつけ加えれば、相手は助かるでしょう。冗長な表現や舌足らずな話し方は、英語の問題ではなく、話術の問題なのです。

19 相手はお見通し

逆のケースを紹介しましょう。今度は上級クラスに新入りのネイティブの先生をゲストに迎えて、自由会話をさせたときのことです。弁護士の生徒がいて、アジアの弁護士会議に出席した時の体験談を話しました。ネイティブの先生が「あなたはどんな意見を述べられたのですか」と質問をすると、若い弁護士はつぎのように語りました。

——発言はしませんでした。

「なぜ発言をしなかったのですか」と畳み掛けられると、彼はこう答えたのです。「いや話があまり現実離れした空論で、バカバカしくて参加する気がしなかったからです」。このコメントを聞いた、カンサス州の田舎から来た、アメリカ女性の追求は強烈でした。

——何が怖くて発言しなかったのですか?

アメリカ女性は、発言しなかった理由を〈発言を恐れた〉と解釈して、単刀直入に聞いたのです。和式英語の使い手は、よく子供っぽい見栄を張りたがります。この弁護士の態度がまさにそれです。参加国の弁護士たちを、開発途上国の代表という理由から、上からの目線で見ていますが、この子供っぽい虚栄心は、たとえ、家にテレビガイドと聖書の二冊しか本を置いていない、田舎の主婦にさえ、即座に見破られます。

会議に行くのは参加するためです。日本からわざわざ出かけていって、しかも「理想論も良いが、もっと現実的な話をしましょう」という意見を持っているのに、それを表明しないのは、会議に参加しているとは言えません。このような不可解な言行はアメリカ女性には理解できません。考えられる理由としては発言を恐れたということしかありません。そこで率直に前ページの質問になったのです。

また、アジア諸国のエリートを、見下した態度に出るのは、相手を知らないからで、無知ほど怖いものはありません。しかし、会議に参加できない自分を「話にならないからだ」と正当化して、会議自体を否定する幼稚な言い訳は、彼女には通じなかったのです。自分を〈鼻持ちならない人間〉だと紹介したようなものです。南部の田舎から来た主婦にでも、このような詭弁は通らないのです。

20　お休みさせていただきます

生徒を長年みていると、会話が下手なのは、英語の問題ではないことがわかります。たとえば、お休みをするとき、生徒はよく「来週はお休みさせていただきます」と告げます。話術を心掛ける人ならば、当然「来週は～の理由でお休みしなければなりません」と言うでしょう。理由を明言することは相手への思いやりです。相手への敬意の表れでもあります。また「休まなければなりません」からは「できることなら出席したいのだが……」の意が読めます。

しかし、一方的に「お休みさせていただきます」と言われると返す言葉を失います。また、突っ込んで「なぜ休むのですか?」と聞くと、冷たい「忙しいからです(I'll be busy.)」という返事が返ってきます。まるで、英語は暇な時に習うものだと言わんばかりです。

このような話し方をするのは言葉の〝裏〟を読まないのが一因です。相手の気持ちを読まないからです。そして言葉の裏を読まないのは、われわれは、普段、話し方が慣習的になっていて、裏を読む必要がないからでしょうか。英語は、他の言語のように、言葉の裏の裏まで読む言葉です。言葉の裏を読まないとコミュニケーションの機能は半減します。たとえば、ジョークのおもしろさは味わえません。

この話術の未熟さは、英語を話すことで、さらに顕著になります。日本語の敬語表現が役に立たないからです。つまり「お休みをさせていただきます」が、英語では「休みます」にしか聞こえません。つまり、敬語表現は日本語の話術では最重要ですが、この敬語表現という衣を取り去ると、思いやりの無さばかりが目立つのです。

日本人の思いやりは、また、同情の意で表されますが、英語圏では、同情されることを忌み嫌います。これは平等を謳う人たちの神経を逆なでするのです。このように、慣習的な日本語の話術と比べ、英語の表現は個人の表現であり、話術は個人の財産であり、話術を磨くのは個人の責任になります。話術は年を重ねるにしたがってうまくなります。一方、「目上の者をうやまう」

という社会では、年輩者になっても話術を磨く努力はしません。むしろ、目下の者に、横柄で、ぞんざいな口を利くようにさえなります。これは、わたしが感動したメンフィスの富豪の態度とまさに相反するものです。

事実、われわれが日常耳にする会話は慣習的で儀式的なものが多いのです。日本語の会話は大きく二つに分けられ、そのひとつは公式の会話です。たとえば、野球のヒーロー・インタビューなどは儀式なのです。

――放送席、放送席、○○選手です。打った球はどんな球でしたか？
――フォークのすっぽ抜けだと思います。
――いまどんな気持ちですか？
――チームに貢献できて良かったです。

なぜか放送席を二度呼び出すことでヒーロー・インタビューは始まります。ファンに向かって話すのではなく、放送席と話すのです。その後、決まって、あたかも意味があるかのように、打った球種を訊ねるのです。選手のコメントも決まっていて、最後に今年の抱負を聞かれると「個人の成績より、チームの勝利に貢献したい」と個人を捨てて、チームを優先させます。外国人の選手は、国では個性的で、おもしろいインタビューを要求されますが、日本に来ると、この儀式的な会話を強いられます。本当は、助っ人にとって、一番大切なのは個人成績で、来期の契約は個人成績しだいなのですが、これがチームへの貢献と変わるのです。

また、この個人の思考・発想が儀式に置き換えられるのは他のスポーツでもおなじです。マラソンの解説では、アナウンサーが「いま中間地点を通過しましたが、この時点では、何を考えて走っているのでしょうか」という愚問を発しても、あるがままにモノ事を見て「そんなことはわかるはずがありませんよ」と答えるコメンテーターはなく、ほとんど、走者の考えが読めるかのように語ります。

野球でいえば、アナウンサーは、一本ホームランが出れば逆転という場面で「○○はどんなことを考えてバッターボックスに入るのでしょうか」と聞きます。英語では聞くまでもない質問ですが、往年の名選手であるコメンテーターは○○の考えを読み、とうとうと語るのです。

おもしろいのは相撲のインタビューで、アナウンサーは質問と返事を同時に聞いて、力士は、荒い息を吐きながら、「おす」を連発するだけです。

——金星をあげた今の気持ちをお伝えください。うれしいですか？

——おす。

——親方に恩返しができましたね。

——おす。

――あと二勝で勝ち越しですね。

――おす。

――亡くなられたお父さんの良い供養になりましたね。

――おす。

これでは幼児のインタビューです。相撲界の人間はタニマチに遊びを教えられ、遊び人の話術を心得ています。しかし、公式な会話では、このように口を封じられてしまいます。もの言えば唇寒しの世界です。たとえば外国人が自由に話して良いと親方から言論の自由を保証されたらインタビューはつぎのようになるでしょう。

――金星をあげた今の気持ちをお伝えください。うれしいですか？

――（怪訝な顔で）モチロンです。

――親方に恩返しができましたね。

――自分の努力にも恩返しできました。

――あと二勝で勝ち越しですね。

――再確認させていただいて感謝します。（皮肉）

――亡くなられたお父さんの良い供養になりましたね。

――このうれしい時に悲しい思い出を掘り起こさないでください。

しかし、日本人は、いつも、この儀式的で形骸化した会話をしているわけではありません。同年代で、おなじ社会的な立場にある者たちの間では、活発で、独創的で、ユーモアに富んだ会話をします。特に、酒が入ると、話に花が咲きます。しかし、この自由な会話も、一つ年上の先輩が入ると、若い世代を代表する学生でも、話法が変わるだけでなく、堅苦しくなります。つまり、自由に会話を楽しめる機会は限定されるのです。そして、英語を話す時に、多くの生徒は堅苦しい話法を選びます。これが生徒の会話をつまらなくします。

この点に気づいた生徒がいました。彼は引退後の時間を、若い時の夢につぎ込みました。退職金をはたいて、英語の習得に励み、ニューヨークに行って英語を話すという夢を果たしたのです。帰国した彼は、わたしにその感想をつぎのように語りました。

――何を話せば良いかわからなかったのですが、何の事はない、普段、友達と話すように話せば良いとわかってから、話すことが楽になり、いろいろな人と会話を楽しみました。

つまり、言語の抑制を解き、自分を取り戻したのです。自分の個性が前面に出ると、人生経験は豊かですから、話題は豊富です。話術が生きてきます。つまり、彼は、短い滞在で、自由にものを言い、自分の発言には責任を持つ、英語の話し方に気がついて帰ってきたのです。

英語の会話は自由に楽しみましょう。言語の抑制を解けば良いのです。しかし、これは言うは易く、行なうは難しで、知らず知らずに慣習的な会話に戻ります。しかし、その都度、気がつけば良いのです。これは自由な言葉を得るためには必要な過程です。

野茂をはじめ、わが国の野球選手がメジャーリーグのインタビューを苦手とするのも、思考・発想の問題で、ファンは自由な応答を期待しているのに、紋切り型の答えをしようとするからです。機会を与えられても、ファンと気持ちを共有しようとしない選手は技術面では尊敬されても、人間面で疑問を残します。「英語はできない方がいい。インタビューを受けないで済むから」という新庄選手に至っては呆れます。せっかく与えられた、ファンとの交流の機会を自分から破棄する選手を、監督やチームが好感を持って受け入れるはずがありません。

21　眠りを誘う会話

この儀式的な会話は、実際、英語圏の人間には退屈極まりないものです。相手のポイントに対してカウンター・ポイントを返すという緊張感のあるやり取りに慣れたものには、和式英語は、間断で、締まりのない、気の抜けたビールになります。生徒はつぎのような話し方をします。

——昨日、映画を見ました。

——どの映画を見たのですか？

――「アバター」です。
――誰がでているのですか？
――……
――良かったですか？
――ええ。

質疑応答の形で、辛うじて、会話は前進します。質問が途切れると、会話は終わります。上の会話は、英語ではつぎのようになるでしょう。

――「アバター」を見たけど、おもしろかったわ。

つまり、日本人の初心者の英語は、聞き方によっては、一種の儀式にも聞こえ、聞き方によっては、英語を話すこと自体が目的で、内容はいらないとも取れます。海外にも多くの英語の初心者がいますが、このような超スローモーションで、内容の乏しい会話をする人たちを見かけたことはありません。まるで小学生の会話のようです。

しかし、テレビで聞く会話も、時に、おなじスローテンポで行なわれています。また、思慮を欠いた発言が多いのも、時に思考が停止しているとしか思えない発言が多いのも、その特徴です。たとえば、二〇一一年一〇月四日に実験的にスカイツリーがライトアップされた際、見物人にマイクを向けると「初めて見ました！」という感嘆の声が返ってきました。なぜ外国の人間のように率直に「すばらしく奇麗！」と自分の印象を言わないのでしょう。初めてライトアップされたのです。初めて見るのは当然です。

またテレビのコマーシャルもおなじです。

――わたしって安いものに弱いのよね。

――弱いんですか。


相手の言葉じりを繰り返すだけです。また、大金持ちでもない限り、安価なものを求めるのは消費者の習性です。言葉にするまでもないことです。外国でこのような発言をすると「そうじゃない人がいる？」とあしらわれるでしょう。

コメントをどう返すかで、相手の知性や、人柄がわかるのですが、ここでは「弱いんですか」と相手の言葉をそのまま返しています。この受け答えは小学生でもできる会話です。もちろん、この裏ではコピーライターが、いかに消費者に〝安い〟印象を植えつけるか、頭を絞って考えているのでしょうが、それにしても、なぜ視聴者が知的に耐えられる最低の限度で表現しようとするのでしょうか。また、考えようによっては、この会話を受け入れる社会にも問題があるのも事実です。

また天気予報を聞いていると、若い担当の女性は、長引く冬に関して、つぎのようなコメントを視聴者に送ります。

——(大丈夫です。)絶対に春は来ますから。

当時、妻の看護のために滞在していた、妹のイネスは、スペイン語訳を聞くと、即座に言い捨てました。

——問題はいつ来るかでしょう?

春が来るのは周知の事実で、天気予報の使命は〝いつ来るか〟を予測して、知らせることです。ヨーロッパ語を母国語とする人たちには、予報者の発言の意図はわからないのです。

このような発言が通るのは、個人の思考が十分に働いていないからです。そして個人の思考が働かない分、慣習的な「どういう時はどう言う」という儀式的な会話に置き換えられるからです。「春は必ず来る」というアナウンサーは、視聴者の心配を先読みして安心させようとしているのでしょうか。しかし、視聴者は遅い春に苛立っても、春が来ないのではと心配する人はいません。または、彼女は視聴者に媚びているのでしょうか。いずれにしても、われわれ日本人は、厳密な意味で、言葉を理解するのではなく、フィーリングを共有するために言葉を使うようです。

またスカイツリーの見物者の感動も、言葉を越えて、日本人の視聴者には通じているはずです。また〝安い〟を売るコマーシャルも、言葉を離れて、お茶の間に通じているはずです。つまり、日本人は独自の共感を持ち、またそれを確認し合うために言葉を使うのです。この集団的な共感は、多かれ少なかれ、どの民族も持っているものですが、日本人の場合は独特の社会歴史的な発展をしたため、これが、世界に通じないのです。

そもそもネイティブと話すこと自体、歴史的に初めてで、この場合、どうすれば良いという前例がありません。そこで、生徒は〈目上の人と話すとき〉の話法に走るのです。個人教授をみると、生徒は黙りこくって、先生が、答えを噛み砕いて舌の上に乗せてやらないと、自分から発言しません。しかし、この現象は決して不思議ではなく、これは日常われわれが耳慣れた〈儀式的な会話〉に他ならないのです。

英語を話すときは、この〈儀式的な会話〉をしないことです。前述のように、われわれの話術は、儀式的な、自由な言語を抑制された会話と、もうひとつは、同僚と居酒屋で飲みながらする自由奔放で活発な会話です。英語を話すときは、後者の態度で話せば良いのです。事実、クラスでは寡黙な生徒が、酒が入ると、言語の抑制から解放されて、人が違ったように話すことがあります。

わたしは外国から友達が来たときは居酒屋に連れて行きます。そこには、ラテン人に負けず劣らず、明るく、ほがらかで、人懐っこい、すばらしい日本人がいるからです。外国人を見ると、話しかけて来る日本人がいます。この人たちは、間断で、退屈な会話はしません。

——「アバター」を見たけど、思ったより良かったぜ。

これが彼らの話し方です。

またスカイツリーに関してもつぎのような会話をするでしょう。

——初めて見たわ。
——初めてライトアップされたんだから、初めて見るのは当たり前だろう。おまえ馬鹿か？

英語を話すときは、個人に返って、この率直な会話をすれば良いのです。

22 日本神話を英語に持ち出すと

日本人だけに理解される虚飾の表現は行き過ぎると、時に、もの事をあるがままに見るという態度から遠く離れてしまいます。たとえば、朝のテレビでは、つぎのようなコメントがありました。

——〝絆〟って日本にしかない言葉ですよね。

わたしの体験では、〝絆〟という概念を持たない言語は存在しません。スペイン語圏の人たちの家族の絆の強さは驚くばかりです。英語の映画、小説も人間の絆をテーマにした秀作で満ちています。絆は世界の言葉です。

このような日本語や日本人の優秀さを讃えるための虚飾の表現が、わが国では蔓延しています。日本人は社会にへつらうことを臆しません。嘘も千回つかれると真実になると言われますが、その通りで、たとえば「日本人は本音と建前を使い分ける」つまり、裏を返せば、外国人はそれができないという嘘も、何度もつかれると、多くの人が信じるようになります。ゴッドファーザーを見れば、ボスたちの和解の席で、抱擁をしながら「つぎに殺るのはこいつだ……」と考えているのですから、外国人は本音と建前を使い分けられない単純な人間だと考えるのは間違っています。

また、本音と建前を使い分けなければ政治家にはなれません。その点ではヤクザの親分もおなじで、相手の心理を鋭く読み、本音と建前を巧みに使い分ける点では、政治家に劣りません。いや、ぼっちゃん育ちで、マンガを読んで育った二世、三世議員はむしろ学ぶところが多いでしょう。これらの議員は、うまく本音と建前を使い分ける外国の政治家の前では子供だと言ってもいいでしょう。

また「わび、さび」という渋い美的感覚は日本人独特のもの」など、この手の表現は数え上げればきりがありません。美的感覚は人類共通のものです。「わび、さび」という言葉は英語にないというのが、その根拠ですが、それは無知の産物で、わび・さびを代表する芸術品、工芸品は海外でも高く評価されています。単なる食器だった益子焼に芸術的な価値を見いだしたのは外国人でした。わたしは、外国で、よく個人の別荘に招待されましたが、建築に、派手で、きらびやかを取り入れたものもあり、また、逆に、わび・さびの感覚を取り入れたものは珍しくありませんでした。すべては個人の感覚に由来するものです。しかし、この表現も、何度も繰り返されると、多くの信者を得るものです。

よく「日本人は器用だ」と言われます。それが事実ならば、わたしのような不器用な人間は日本人ではなくなります。確かに器用な人はいますが、外国でも、器用な人はいます。実際、外国で仕事をしてみれば、熊のような身体で、毛むくじゃらの太い腕をしたアルマンドやフランケンシュタインのようなステバンが、驚くほど繊細な仕事をするのに驚かされます。つまり器用さは、ある程度、生まれつきの能力と訓練のたまもので、個人の特性であり、パスポートの色では決まらないということです。

また「日本ほど住みやすいところはない」という人に出会いますが、これを言う人は、外国に住んだことのない人が多いのです。そして、追求すると、結局は、言葉と食べ物が原因だとわかります。現代は、どの国でも日本食を入手することは可能ですし、寿司も食べられます。つまり、外国を住み難いと考えるのは言葉ができないからです。この虚飾の表現は、数えればきりがありません。

また、バブル期まで続いたソニーやトヨタを代表する、産業面での世界制覇を「日本人は優秀だ」に結びつける神話は色あせ、各国の空港を降りると見られたSony の看板が、現在では Samsung に置き換えられています。トヨタの商標も、将来はインド車、または中国車に置き換えられるかもしれません。そうすると「日本人は韓国人のつぎに優秀だ」または「日本人は中国人のつぎに優秀だ」ということになってしまいます。人間の優秀性は国籍ではなく、これまた、個人のものです。

問題は、外国人と会話をするときは、これらの日本人の表現は通じないことです。和式英語が話される国内は別として、一歩外に出たら通じないということです。これは、外国に出たとき、日本人の常識は通じないのとおなじです。これらの虚飾の日本の〝徳〟は、個人の資質の問題で、その度合いは、国によって異なるのではなく、個人により異なるのです。

日本人は自分のことに触れるときは、極端なほど、謙譲の美を重んじますが、その分、日本人を語るときは、この謙遜心が慢心に変わります。この傾向は、どの民族にも、見られますが、われわれの場合は、個人を殺した分だけ、日本人を語るとき、その反動が強く現れるようです。

事実、外国でも、日本人神話があり、たとえば、日本人は、耐え難きを耐え、正義のためには命も惜しまぬ勇敢な、礼儀を重んじる侍だと考える人が多く、その逆を示すと、たとえば歯医者で痛がったりすると「あなた本当に日本人ですか？」と言われたりします。わたしは、そのようなとき「確かに日本人だが、サムライの生まれではなく、下郎生まれで下郎育ちだ」と答えることにしています。

外国人が日本人の神話を持つのは自由です。これらの外交的な評価は、喧嘩をした場合など、本音と入れ替わります。つまり、本音と建前を使い分けているのです。しかし、英語を話すとき、日本人が日本に関する虚飾の表現をするのは避けたいものです。

23　英語を覚えるのと、日本語を覚えるのはどちらが簡単か

よく、わたしが英語を覚えるのと、デーブ・スペクターさんが日本語を覚えるのと、どちらが難しいかを考えます。デーブの日本語修習に対する情熱は非凡なものです。今でも新しい語に接するたびに手帳に書き留めて、一日に数語覚えていると知り、言葉は違っても、おなじことをする同志だという気がしています。わたしのとりあえずの感想はデーブの方が大変だったろうです。お互いにまったく異なる言葉を覚える点では差はありません。漢字を覚えるのも、英単語のスペルを覚えるのも、基本的には、おなじです。問題は思考と発想の違いです。

この点でのみ言えば、わたしはデーブに旗を上げます。日本語を覚えるには、日本語の思考と発想を覚えなければなりません。これも、日本人が英語を覚えるとき、英語の思考・発想法を覚えなければならない点はおなじです。しかし、日本語の思考・発想には統一した法則がないのです。相手が女性か、男性か、目上か、目下かなどによって、表現は千差万別です。つまり、こういう場合はこう言う、ああいう場合はああ言うという、べき、べからずの法則がガンジガラメに張り巡らされていて、状況に沿って、それに合った話し方を要求されます。

一方、英語の思考・発想には統一した法則があります。論理です。個人がもの事をあるがままに見て、筋道をたてて話せば良いのです。敬意を表するときも、相手をコケにする場合も、もち

ろん、それに応じた話法はありますが、日本語のように、男性か女性か、目上か目下かなど細かい神経を使う必要はないのです。英語の思考・発想は、ヨーロッパ語の特徴として、論理を重んじるという定規があります。このできる限り論理的に話すという共通な話法を持つため、英語は国際語として受け入れられるのです。話す基盤が統一されているため、英語の思考・発想はより自由で、個人的に発展できるのです。そして、言語使用が個人のものになるにつれて、当然、その切磋琢磨が行なわれ、話術も発展します。

　ここで、わたしとデーブがお互いの言葉を身につけるのは、どちらが有利かという話題に戻ります。確かに、日本語は誰と、いつ、どのような話をするかで語法が変わり、その場に沿った語法を覚えなければなりません。しかしデーブは、その複雑怪奇な、状況によって語法を変えることを覚えたでしょうか。さしあたりその必要はなかったのです。なぜなら英語の論理を基にする〈思考・発想〉と、それに基づく〈話法〉は人類共通なものだからです。言いかえれば、デーブは英語の思考・発想で日本語を話しても、最初から通じたのです。一方、わたしの日本語の思考・発想と話法は、英語でも、スペイン語でも問題が続出したのです。

　しかし、テレビでデーブが話すのを見ると、彼は、この状況に応じた日本語の使い分けを身につけています。彼の駄洒落も、日本語のユーモアを使い分けている証拠です。その点、同時期にデビューしたケントたち、日本語を話す外国人タレントは、英語の発想で日本語を話したので、これだけが原因ではないでしょうが、一時期は受けましたが、タレント生命は短く終わっています。

最後に、日本語を覚えるのと英語を覚えるのはどちらが容易かという問題に返りますが、結局、両者の違いは、サッカー選手が野球を覚えるのと野球の選手がサッカーを覚えるのとどちらが容易かと訊くようなもので、結局はおなじだというのがわたしの見方です。共通して言えることは、思考も発想も文法も単語も似通ったヨーロッパ語を話す人たちがお互いの言葉を覚えるのに比べて、わたしもデーブも、最も困難な道を選んだことには変わりないようです。

「外国語は覚えるときは大変だが、覚えた後は簡単だ」という英語の言葉がありますが、わたしの体験では「英語は覚えるときは大変だが、覚えた後はもっと大変だ」というのが本音です。しかし、わが国では「英語は簡単に覚えられるし、覚えた後は、日本語のように話せば良い」という神話がはびこっているのが現状です。

24 競争相手が違う

日本人が英語を学ぶ目的は、国際政治、国際貿易、文化的交流のため、また海外旅行のため、等々いろいろありますが、日本人を英語の習得に向かわせる真の理由は、学校や職場で、頭角を現すためです。つまり、日本人が英語を学ぶとき、競争相手は日本人なのです。ＴＯＥＩＣの高得点をとって、会社で一番になれば目的は達成されるのです。そのためには、国際英語を覚える必要はありません。和式英語でもＴＯＥＩＣの高得点は取れます。
ビジネスは、極言すれば、和式英語でできます。車を試乗させ、価格を提示すれば、言葉はなくても商談は成り立つでしょう。むしろ和式英語を話すならば、黙っている方がビジネスはうまくいくかもしれません。商品の質と価格が商談をまとめてくれます。しかし、政治は和式英語ではできません。政治は言葉が商売道具です。和式英語で国際政治に立ち向かっても、子供扱いされるでしょう。外国の政治家と、思考と発想の基準が違い、話術で劣るわが国の政治家は国際政治ができません。政治交渉ができなければ、相手の要求を飲むか、金をばらまいて、こちらの要求を飲んでもらうしかありません。

これは通訳を使って解決する問題ではありません。日本人の常識と思考は、正確に訳せば訳すほど〈和式英語〉になる運命にあるです。また、教養のために英語を身につけるならば、ことさら、国際英語が必須になります。和式英語では、逆に、教養の低さを披露することになるからです。「日本人の常識は世界の非常識」は知られるところですが、まだ「日本人の思考と発想は国際性がない」という通念はありません。確かに、日本人は英語を話さなくても暮らしていけます。一生英語を使わず過ごすことも可能です。しかし、これから世界は、経済面をはじめ、あらゆる面で、急激に未知な世界に入ります。相互理解と国際協力は不可欠になるでしょう。共通の思考と発想は不可欠になります。

そのためには、思考面も含めて、国際的な意思疎通法を身につけることが望ましいのです。和式英語では難局を乗り越えていくのは、障害の多い苦難な道になることは眼に見えています。わが国の政治家が和式英語で外交に臨むことは、相手を有利にするだけです。くり返しになりますが、通訳を間に入れても、思考・発想を変えない限り、和式英語で外交することに変わりはないのです。

ビジネスの世界でも急激な変化が起こっています。日本製品に匹敵する質と価格を持った製品がアジアから出て、日本製品を席巻する時代です。交渉術がより大切になる時代に入るでしょう。製品と価格が勝負の世界も、遅かれ早かれ、相互理解が重要な時代に入ります。商談の成立後のパーティーで、言葉と思考面から、とけ込めないビジネスマンより、言葉と思考を共有し、人間関係を築けるビジネスマンの方が有利になります。この時代の変化に対応するとき、和式英語は出番を失います。

わたしは、英語を挙げて、問題点を指摘してきましたが、これは例示的手法で、問題の根本は、日本人の〈思考と発想〉にあるのです。日本人の思考と発想は、おなじ人間ですから基本的にはおなじですが、また世界と摩擦を起こす要素も多いのです。まず、言葉は民族の財産でもありますが、個人の所有物でもあるのです。特に、思考と発想は個人のものでなければなりません。コンセンサスに基づく集団思考は、個人の思考に対して、スピードの面だけをとっても、勝ち目はありません。

国際英語を話す人たちの思考の原点は〈個人〉にあります。個人性を引き出して、育て、確立することが真の教育の目的です。優れたアイデアは個人の頭からでます。危機を脱出する機転は、往々にして、一人の人間の頭と決断にかかります。未来の変化に対応できるのは、優秀な日本人ではなく、強い個人性を持った日本人です。和式英語を話す人は、この個人性が弱いのです。個人性が弱い人は、その分、慣習やしきたりにこだわります。べき・べからずで言動を縛られた方が心地いいのです。

この、ああいう時はああ言う、こういう時はこう言うという慣習的な思考を英語に持ち込んだのが和式英語です。要は、英語を話すときは個人の思考と発想で話せば良いのです。これは、日本人にとっては苦難な道ですが、割り切って考えれば意外に簡単なのです。われわれの世代に比べ、最近は個人性の強い若者たちが増えている気がします。日本語でも個性を発揮する人は、英語でそれをすれば良いのです。

25　ジョークだけはわからない

わが国の英語の達人はよく「英語はわかるが〈ジョーク〉だけはわからない」と言います。思考・発想の違いは、このユーモアの面で顕著に現れます。このユーモアの時差の影響をもろに受けるのが洋画ファンで、喜劇映画やテレビの喜劇ドラマは、日本語の字幕や吹き替えで見るとおもしろさが半減します。というのは、英語独特のユーモアを日本語に訳しても笑いを誘わないため（また技術的にできないため）、よく、日本人の思考と発想に置き換えた、低俗なジョークに置き換えられるからです。よく映画館でおなじ喜劇を見ているのに、日本人と外国人の観客の笑いが一致しないのにお気づきでしょう。おなじことがテレビの前でも起こっているのです。

英語のジョークは一歩二歩三歩と踏み込んだ所におもしろさがあるのです。わたしは生徒に、ジョーク集を読んで、英語のユーモアを身につけなさいと勧めます。しかし、生徒は読んでも笑えないと言います。意味はわかるのだが、可笑しくないと言うのです。これは踏み込んで読んでいないことを意味します。この文字面だけを理解するという傾向は会話でも顕著で、一歩踏み込んだところに、相手の真意があるのに、それを読めないのです。これが和式英語の達人の特徴です。また、そのような人は自分の発言の裏さえ読めません。そのため、平然と「日本人は頭が良い」などと言ってはばかりません。言葉の裏を読む外国人には、これは即「外国人は頭が悪い」と響くのですが、それを読まないのです。英語を話すことは、文字も文法も違う日本人にとって、かなりの知的負荷がかかります。そのためか、言葉の奥まで思慮が回らないことがあります。わたしも、よく思慮の足りない発言をすることがあります。しかし、そのような時、わたしは気がついて、すぐに言い直します。しかし、和式英語の話し手は、言葉の持つ微妙な裏の意味に気づかずに終わってしまいます。

言葉の裏の裏まで読む人と、文字面だけしか読まない人の会話は、利害関係のからまない、あたりさわりのない会話ならば通るかもしれません。また、日本人は善意の会話では言葉の裏は読まないのを良しとする暗黙の了解があるのでしょうか。英会話学校で行なわれる会話とは、このような表面だけの会話なのです。このような会話は、高度な会話術をもつネイティブの先生にとっては退屈極まりないだけでなく、時に、精神的な苦痛を伴います。このような会話を身につけて世界に出ても、友好を目的とする交流でさえ、マイナス面の方が大きいでしょう。ましてや、少しでも利害関係の絡んだ商談、政治、外交面の対談では、相手の思う通りになるでしょう。子供扱いされるでしょう。

わたしは英語を聞き、読むときは一歩、二歩と踏み込んで聞き、読むようにしなさいと言い続けています。そうしないと、将来、英語は理解できてもジョークは理解できませんよと忠告しています。ジョークを理解することは英語を理解する上で、非常に有効な手段なのです。ジョークを理解することで、一歩、二歩と踏み込んで読み、書き、話し、聞くようになるからです。

また「ジョークだけはわからない」という和式英語の達人に、あなたがわからないのはジョークだけではありませんよと教えてあげるのも、わたしの仕事だと思っています。新聞なり雑誌を読ませて、筆者の意図を読んでいませんよと指摘してあげればこと足ります。つまり、彼らは、一歩、二歩と踏み込んで読まないため、自分勝手な理解をするのです。

ジョークには笑いという結果が続き、自分だけが笑ってない、つまり理解していないことがわかります。それに反して、読書には、笑いのように、判断の元がないのです。そのため、和式英語の使い手は、なんとなくぴったり来ないことは分かっても、自分が正しく読んでいない認識は持てないのです。会話についてもおなじことが言えます。相手に行間で表されると、まったくお手上げになります。

ある日、ロスの大手の宝石商に、メキシコで知り合った日本人の石のブローカーを紹介したときのことです。彼は、ファイアー・アゲートという石を売り込もうとしました。石のロットと価格表を吟味した後、アメリカ人の宝石商はつぎのように言いました。

――わたしは、特に、この石に惚れ込んでるわけではありません。(I'm not particularly crazy about this stone.)

これに対して、若者は「それは残念ですね」と商談は成り立ちませんでした。帰り道で、なぜ商談を続けなかったのかと聞くと、彼は「だって相手が気に入らないのだから」とボソッと答えました。「えっ!」とわたしは言葉を失いました。わたしは、相手はかなり気に入ったな、と読んでいたからです。それを指摘すると、彼は「君も側にいたじゃないか。彼がハッキリ気に入らないと言ったのを聞いたろう」。そこで、わたしは、初めて、彼がアメリカ人の発言を理解していないことに気づいたのです。

言葉の裏を読めば「この価格を払うには、よほど惚れ込んでいないと」と言っているのです。つまり「もう少し価格が下がらないだろうか」という交渉の始めだったのです。それを、行間を読まず、文字通り「わたしは、特に、この石が大好きではない」と解釈しているのです。彼は和式英語の達人で、わたしが一緒に行ったのは、通訳としてではなく、紹介者としてでした。この結果を見て、通訳してやればよかったと後悔したものです。いくら流暢な英語を話しても、言葉の裏を読めなくてはビジネスは成り立ちません。

26　どちらが嫌われ者になるか

「大きな雪崩が数メートル先に迫っています。あなたができることは何ですか？」ある上級クラスで質問をした時のことです。生徒は会話を創造するのが苦手です。誰も答えられず、長考の末「先生ならばどうしますか？」と聞き返してきました。わたしはつぎのよう答えました。

――神に祈ることですよ。

つまり「できることは何もない」と答えたのです。要は、それを〈いかに表現するか〉の問題なのですが、大地震の時は火を消すというように、こういう時はこうする、ああいう時はああすると固定観念に頼る人には、この答えは不謹慎に響いたようです。若いサラリーマンが激怒して、つぎのように言い捨てました。

――先生は海外では忌み嫌われるでしょう。

この生徒は海外の体験からモノを言っているのではありません。年齢から見ても、英会話の学校へ来たのは将来に備えてのことです。そして、海外出張の際は、堅物で、真面目な人間で通すのが正しいと信じているようです。海外の人たちは、思考の面でも、言語使用の面でも、余裕のある人たちです。遊び心を大切にする人たちです。「できることなどありませんよ」と文字通り答えれば良いと考えるのでしょうが、これでは退屈な会話になってしまいます。

「どのような質問にも答えられる」ことは大人の証です。「どのように質問を料理するか」で、その人柄がわかるのです。わたしの返事は、英語では、批判されるものではありません。この返事に腹を立てる若いサラリーマンの方が、思考面で未熟なのです。

わが国の「真面目」は「社会のシキタリに真面目な人間」を言います。一方、個人主義の世界の「真面目」は「自分の信条と生き方に真面目な人間」を言います。おなじ「真面目」でも意味は異なるのです。この日本語の「真面目」という通念は外国では受けないでしょう。逆に、ユーモアを解さない、真面目な人間に、思考と発想の差異が加わってはガールフレンドどころか、友達もできないでしょう。

個人性が薄いと、その分、個人のものの考え方は希薄になります。その分、日本人としての、こういうときはこうするという慣習的なものの考え方が表にでます。この集団的な思考は、〈繰り返された局面〉には驚くほどの効果を発揮しますが、個人の思考に比べて、創造性に乏しく、〈新しい局面〉にうまく対応できません。

メキシコ人は英単語一語を覚えれば一〇に応用できるのです。ところが日本人は、逆に、一〇語を覚えても、その内の一を使えれば良い方です。これは、言語の違いもありますが、個人の思考がうまく働いていない証拠です。わたしは、すべてを個人性の弱さのせいにするつもりはありませんが、この個人性の弱さが、英語という言葉の使用に当たって、いろいろな障害になって現れることは、身をもって体験しました。

27　日本人の思考・発想では生きていけない世界

以前、米国へ留学した高校生が、友人たちとハロウィンのパーティーに行く際、間違えて、他人の敷地に入って、射殺されました。わが国では「動くな！（Freeze!）」という言葉を理解しなかったのが原因だという説に落ち着きました。しかし、わたしはこの説には疑問を感じます。わたしも海外では銃を突きつけられたことは二度や三度ではありません。しかし、銃に慣れることはなく、銃を突きつけられると、今でも、自然に、身体はフリーズします。まして、生まれて初めて銃を突きつけられた高校生ならば震え上がってお漏らしをするでしょう。

つまり、この日本人留学生は状況を読めなかったのではないでしょうか。すべてはハロウィンの余興だと思ったのでしょう。いざという時、状況判断ができないと死ぬ事になります。犬死です。また、ハロウィンの余興と勘違いして、ブルースリーと誤解されるような妙な格好をして、両手を肩の上にあげて、警告を無視して、向かって行っています。これは自殺行為です。

また、留学する時は、相手の国の文化を尊重すべきです。米国では市民が銃を持てること、そして、自衛のために、無断で他人の敷地に侵入し、相手の警告を無視して向かう者は射殺されること、また、このような社会では、銃をパーティーの余興に使ことはないというアメリカの常識をもって行くべきなのです。つまり、日本人の思考と発想をごり押しすれば、時に、その結果は、悲惨な形で返るのです。

余談になりますが、この出来事は当然テレビで取り上げられ、モノ事を見たいように見る〝識者たち〟が「フリーズ」という言葉ができなかったのは英語教育に責任がある、銃の所持を認めるアメリカにも責任がある等々議論していましたが、「フリーズ」を聞き取れたかどうかは死んだ本人に聞いてみなければわからないことで、この怪しげな前提で議論をする知識人たちの思考には抵抗を感じたのを覚えています。

わたしはこの出来事は、妙な考え方をして、妙な言動に出る妙な（weird）留学生に違和感を持つ米国の高校生たちが、困った状況に相手を置いて、その反応を楽しもうといういたずらが、想定外に暴走したのではないかと考えています。個々の家に、明白なストリート・ナンバーが打ってあるアメリカで、間違って、他人の家に入り込むことはなく、たとえ全員が方向音痴だと仮定しても、静かな家とパーティー中の家の違いはわかるはずです。そして、たとえ、住所を読み間違えたとしても、正面からドアをノックして訊ねればいいのです。正面からドアをノックして入る泥棒はいないので、銃を突きつけられるハメにはならないはずです。

もちろん真実は神のみぞ知るですが、わたしはこの出来事は、モノの考え方の違いが生んだ悲劇としか思えないのです。その理由は、これに似た出来事は海外ではよく耳にするからです。たとえば、グアテマラに近いメキシコ南部でバスが強盗団に襲われたとき、日本人の若い女性観光客だけが射殺されました。強盗も人の子です。やる方も怖いのです。すべての乗客がてきぱきと命令に従うとき、ひとりだけ行動を共にできず、うろうろする者は、見せしめのためにも、反抗者として射殺されるのです。これも状況が読めないための悲劇だと思います。

このように、和式英語を話す弊害は、英語を話す利点と匹敵するほど大きいのです。それでは、つぎの章で、和式英語を話すと〈馬鹿〉か〈頭がおかしい〉か〈鼻持ちならない奴〉になることを、実例をあげて説明したいと思います。英語が下手なためと取られたり、あまりにひどい例を挙げると、信憑性を疑われるので、生徒の例は使いません。つぎの章で取り上げる和式英語例は、すべて、実際に使われている学校の英語教科書、新聞で連載された英会話欄、英会話のベストセラー本、教育番組で放送されたテレビ英語対談等から挙げさせていただきます。

第3章　これが和式英語だ！

テキスト3のイラスト
イラスト：市川興一

1　和式英語は12歳の英語

二〇代の後半、英語をペラペラ話すという目的を達成し、絶頂期にあった時、わたしの英語は国際社会では役に立たないことを思い知らされました。わたしの英語が世界に通じないのは、日本語の思考・発想を基盤に話すからで、その結果、相手の発言の行間を読めず、ユーモア、比喩、皮肉、反語などの、英語の多彩で、洗練した語法は使えず、また、解せなかったのです。つまり文字面の会話しかできない、言わば〈12歳の英語〉を話していたのです。これではインテリの会話に入り込めるはずがありません。つまり、三〇歳当時の、わたしの思考能力と言語使用能力は、世界的にみれば12歳以下のレベルだったのです。

たとえば、論理性ひとつを取っても、英語圏の小学生と議論しても勝ち目はなかったでしょう。それだけ英語圏の人間のコミュニケーション能力は高いのです。伝統的な知的財産である〈日本人の思考法〉を受け継ぐことを目標とする教育と、個人が森羅万象をあるがままに見て、正確に言葉にする術を、家庭と学校の両方で徹底させる教育の間では、違った結果が生まれるのは明らかです。子供を鋳型に入れる教育は、大切な個人性を犠牲にします。一方、ありのままにモノ事を見ることを教える教育は、個人の眼を強化し、表現力を伸ばします。

さて、わが国は、いまだに、英語を話せば、英語ができると認められる言語学的に原始的な状態にあります。わたしは英会話学校で数多くの日本人講師を見てきましたが、創造的な会話をできる人、つまり説明能力一つを取り上げても、うまくできる人にお会いしたことはありません。英語ができるとは、単に、英語を話すことではなく、英語のレベルで話すということなのです。質疑応答型の会話ができるだけでは英語ができるとは言えないのです。英語の世界は、話す人の知的能力が如実に浮き彫りにされる世界なのです。

わが国で、このクリエイティブな会話ができるのは、今のところ、帰国子女とインターナショナル・スクール出身者で、しかも、英語の思考を身につけた人たちに限られます。外国で育っても、日本人学校に通い、家に帰って日本語という環境では、どこまでクリエイティブな思考ができるか疑問です。つまり、本当に英語の思考で英語を話せる者は、小学校から高等教育まで英語で受けた者に絞られます。日本で教育を受けた後に、英語圏の大学に留学した方々も多く知っていますが、英語の思考・発想でコミュニケーションできる人に会ったことはありません。日本語の思考を英語に持ち込み、横車を押し通す人ばかりです。この人たちは、ちょっとクリエイティブな話題を投げると、すぐにしどろもどろになります。

おもしろいことに、わが国では、このごく少数で、貴重な、英語の思考で英語を使える帰国子女を人材として認めようとしません。むしろ排斥する傾向さえあります。これは無知と嫉妬心がなす愚行でしょうか、それとも、わが国の大学入試という踏み絵を避けた者へのお仕置きでしょうか。彼らは貴重な人的財産です。最近は、国際英語ができる帰国子女の職場も、必要に迫られて、増えて来ているようです。良い傾向です。

わが国ではＴＯＥＩＣで七〇〇～八〇〇点台を取ると、英語ができるとされ、海外ビジネス部門に回されます。わたしの生徒もＴＯＥＩＣの高得点を取ると、海外出張や派遣の憂き目にあい、冷や汗をかくことになります。その理由は、わたしが口を酸っぱくして言っても、国際英語を覚えようとしないからです。ほとんどの生徒は、国際英語の必要性を現実として受け止めていません。彼らの目標は会社や学校で英語が一番になることで、常に、敵は日本人なのです。これでは、英語屋は仕事ができないと言われるのは当然でしょう。

彼らの目標はあくまでもＴＯＥＩＣの高得点であり、それを達成した生徒たちに、いざ国際英語の習得を勧めると去っていきます。国際英語を話すためには、単純に、今のあなたの語彙の三〇倍は必要ですよというだけで拒絶反応を起こすのです。なぜなら、彼らの語彙はすでに日本人の域を越えているからです。そして海外出張を命じられて、初めてわたしの言った現実に直面して、慌てふためく生徒が多いのです。

さて、これからご覧いただくのは、〈英語をペラペラ話す〉目標を達した人たちで、彼らの中には、アメリカ、英国と留学を重ねて、本格的に英語教授法を訓練された方々もいます。自他ともに認める、人生を英語のために捧げた人たち、そして、英語を武器に世に出て、地位と財を築いた人たちです。彼らの悲運は、一度も、自分の英語が国際的に通じないと気づく機会に恵まれなかったことです。

イギリスや米国に留学を重ね、応用言語学の修士号をとっても、その体験中に、一度も、自分の英語が〈12歳の英語〉だと気づく機会に恵まれなかったことは、考えてみれば、一度も指摘してくれる友に恵まれなかったからだと言えるでしょう。確かに、12歳の思考で、しかも論理性の軟弱な戯言を唱えられても、こいつはおもしろい奴だ、友達になろうという気にはならないでしょう。また、アカデミックな連中は、意外に、相手の思考・発想、また言語使用能力の評価にうとく、肩書きを真に受けるものです。このことは、言葉に対する評価は、たとえ専門家でも、いかに表面的であるかということです。

2　和式英語は内容がない

つぎの会話は、現在、私立中学校で使用されている、英語の教科書からの抜粋です。さて、現代の英語の教科書は〈会話体〉を取り入れています。これ自体に問題はなく、問題は、この会話の部分、少なくとも原作を、日本人が担当していることです。リーディングの部分は、外国の書物を記載していますが、会話の部分だけは、日本人の創作なのです。

教科書ならば、当然、模範的な会話が要求されます。それが英語の教科書ならば、当然、〈模範的な英語の会話〉が記載されるべきでしょう。日本人の〈和式英語の会話〉ではなく、世界の人たちの〈国際英語の会話〉であるべきです。解釈によっては、馬鹿か、頭がおかしいか、鼻持ちならない〈和式英語〉であってはならないはずです。ところが、生徒が持参した教科書を一読して失望しました。会話は、まさに、典型的な和式英語なのです。
和式英語の特徴は、まず〈会話の内容〉にあります。内容が幼稚で、矛盾だらけならまだしも、往々にして〈不在〉なのです。この和式英語で書かれた〈模範会話〉は、日本語の思考と発想で始まり、日本語の思考と発想で進展（？）し、日本語の思考と発想で終わるのです。結果は、ポイントを欠いた、意図のわからない会話になります。

テキスト1
ボブ：ケイコ、ぼく問題を抱えているんだ。
ケイコ：何の問題？
ボブ：ん……将来、プロのサッカー選手になりたいんだ。それが僕の夢なんだ。サッカーが大好きなんだ。
ケイコ：素晴らしいわ！　だけど問題って？
ボブ：んー……またプロ野球の選手にもなりたいんだ。野球も大好きなんだ。
ケイコ：うーん……問題ってこれね。
（出典：中高一貫英語教育研究会編『TREASURE ENGLISH SERIES GRADE 2』Z会、二〇〇七年。訳は片野）

最初のテーマはここで終わります。要は、米国人のボブが問題（個人的な悩み）を打ち明けるところから始まるのですが、肝心な〈問題〉を明白に言葉にできず、それを理解してもらうのに苦労するだけに終わる内容です。そして会話は、突然、つぎの話題に振られます。

テキスト1（続）

ボブ：昨日有名なサッカー選手がクラスに来てね。サッカーは世界で一番ポピュラーなスポーツだと話してくれたんだ。彼はサッカーの歴史を語ったんだ。どこで始まったか？　君知ってる？

ケイコ：英国じゃない？

ボブ：正解。僕その他のスポーツについても少しは知ってるよ。

この会話は、英語の世界では、幼児のものです。英語圏では小学生でも、このような思考の整理を欠いた会話はしないでしょう。

さて、会話を最初から見直してみましょう。この会話は、日本語では、抵抗なく読めるかも知れません。ツーと言えばカーと伝わる、単純化された思考を伝えあう日本語と違い、話の〈内容〉がすべての英語では、実に妙に聞こえます。まず会話の開始部分ですが、相手の名前を文頭に置きます。親しみを込めて友達の名前を添えるときは文尾に置くのが英語の習わしです。相手の名前を最初に持ってくるのは、相手の注意を惹くためです。または深刻な話に入る前にも、よく、ポーズを置き、相手の名前から始めます。つまり、名前から会話を始めることで、ボブが真剣に悩んでいるニュアンスは伝わります。

「問題があるんだ」というフレーズで会話は始まります。さて、中学生ともなれば、独立心が強くなり、個人の尊厳を大切にするようになります。まして、この傾向の強いアメリカの若者ならば、個人的な悩みは容易に他人に打ち明けないものです。これを、安易に、会話のオープニングにするのは、女の子に甘えているのでしょうか。この年の少年は女の子には大人の態度を見せたがるものです。

人間は、誰でも、なんらかの悩みを持っています。アメリカで、このように切り出したら、つぎのように一蹴されるでしょう。

——ぼく問題を抱えているんだ。(I have a problem.)

——抱えてない人なんている?(Who doesn't?)

ボブは、アメリカ人なので、このような結果に終わることはわかっているはずです。

さて、会話の内容を、最初から吟味してみると、まず「ん……将来、プロのサッカー選手になりたいんだ。それが僕の夢なんだ。サッカーが大好きなんだ」というコメントに〈問題〉は見当たりません。少年がスポーツに夢中になり、将来、プロになりたいと望むのは〈問題〉ではありません。この点ではケイコも同意しています。つぎの「んー……またプロ野球の選手にもなりたいんだ。野球も大好きなんだ」という表現も、〈問題〉の提出をしていません。少年がいろいろな将来の夢を持つのは〈問題〉ではありません。

〈問題〉はこの二つの夢を両立させるのは難しいことにあるようですが、その肝心なポイントを明記せずに、相手に想像させています。これは、言うまでもなく、英語の思考ではありません。また、この問題が幼稚なのは現実を見ていない点です。その一つを実現させるのも現実には難しいでしょう。プロになる者は、狭い門をくぐり抜けた、ほんの一部の優秀な身体能力と運を持った若者だけです。ましてや、野球とサッカーの両方でプロになることは夢のまた夢です。つまり、将来、ほとんど現実化する可能性のない問題を、あたかも目の前の問題のように悩んでいるのです。

一方、ケイコの方は、相手に最後まで言わせず、〈問題〉を把握したと結論します。そして、自分が把握した問題を、言葉にして確認をとることはせず、それを正しいと決めつけます。これは、おなじような思考をする日本人の間では可能ですが、コミュニケーションの正確さが要求される英語の世界では、やはり、思考と言語能力面で、問題を残します。

わたしには米国の中学生が、将来起こりうる矛盾を、現実の〈問題〉として悩むとは思えません。さらに、その悩みをガールフレンドに打ち明けることも考えられません。もしボブが、この会話を自国で披露したとしたら、相手の女性に〈馬鹿〉か〈頭がおかしい〉か〈薄気味悪い奴〉と思われるのが関の山です。つぎのように言い捨てられるのが落ちです。

——問題は存在しないわ。どちらもなれないから。気持ちの悪い人ね。(I don't see a problem. Obviously, you won't be neither. You are weird.)

また、一歩引いて、将来、プロの世界にスカウトされたとしても、その時、ボブが直面するのは〈決断〉です。〈問題〉ではありません。むしろ、そのようなことが起こったら、それは〈恵まれている〉事態だとは言えるでしょう。モノ事をあるがままに見ようとする英語圏の人間は、たとえ中学生でも、これを問題と考えることにはアレルギー反応を示すでしょう。上の会話が日本人の創作だとわかるのは、登場人物がモノ事を見たいように見ているからです。

また、内容に一貫性がないのは、ケイコが「問題」を理解すると、会話が終わってしまうことです。これでは、何のために問題が提出されたかわかりません。うがった解釈をすれば、これはスポーツに秀でたボブの〈消極的な自慢〉または〈ネガティブな自慢〉とも取れます。つまり、ボブは、自分がスポーツ万能だと言いたいのでしょう。このような、回りくどい自慢は英語に馴染みません。

その後、突如、話題は変わって、サッカー選手の来校と講演の話になります。有名なプロがなぜ全校生徒を対象にしないで、ボブのクラスだけで講演するかという疑問も浮かびます。また、サッカー好きな中学生が、サッカー人口が多いことや、簡単な歴史も知らないのだろうか、という疑問も起こります。会話の最後の部分は〈知識のお披露目ごっこ〉という、日本語の会話そのものです。この種の会話は、英語圏では幼稚な部類に入ります。決して、模範会話になれる代物ではありません。

特に目立つのが、会話の終結（クローザー）で、「僕は他のスポーツも少しは知ってるよ」という表現です。このコメントは、英語では自慢としか取れず、好意的には受け止められないでしょう。これが、さっきまで問題を抱えて、ガールフレンドに打ち明けた少年の態度でしょうか。事実、サッカー以外のスポーツを知る人は多いでしょう。中学生ともなれば、オリンピックは見ているし、いろいろなスポーツを体験しているはずです。言うまでもない言葉です。これでは自慢としか響かないのは当然でしょう。

このような会話のクローザーを用いるのは、たとえ中学生でも〈鼻持ちならない〉態度です。もし、教育関係者が英語圏の中学生の思考表現力をこの程度に評価しているとしたら、それこそ《問題》です。先生方には「ホーム・アローン」で活躍するケビン坊や、「依頼人」の主人公のマークの思考・発想と言語能力をしっかり見て欲しいものです。両者とも肉体年齢はそれぞれ八歳と一一歳ですが、大人の思考と言語能力を持っています。もちろん両者とも大人の脚本家の創造した八歳と一一歳ですが、教科書のボブも大人の教育関係者の創造した中学生です。

つまり、このテキストは、まだ存在せず、将来も起こらないだろう〈問題提出〉から始まって、その問題について一言も語らないまま、つぎの話題に移るという、一貫性のない、内容不在の会話に終始しています。会話をする〈目的と内容〉が不明です。これが〈和式英語〉の特徴なのです。勘ぐれば、この会話の制作者は留学の経験者で、海外では、自分の意図を明白にできず、ポイントを理解してもらうだけで、会話が終わってしまうような体験をくり返していたようです。そして、その体験から、このタイプのやり取りを〈英語の会話〉と思っているのでしょうか。わが国では英語を話せば評価されますが、世界では話す〈内容〉が評価されるという認識がないようです。

出版にあたって、当然、ネイティブにゲラの校正をさせているでしょう。しかし校正者のできることは、文法的な誤りを指摘することに限られます。内容が無いから、または、登場人物の思考がおかしいから会話全体を書き直せとは、容易に言えない立場にあります。また、たとえば、わたしが、この妙な会話を書き直してくれと頼まれても、会話の意図がつかめず、内容がないため、直しようがありません。一読して、言えるのは、英語のレベルに達していないため、英語の教科書としては不適当だということです。英語圏の中学生はこのような会話はしないのです。

ところで、日本人の書いた英語教材を批判すると、よく「これが日本人の思考だから、それを英語で通しても良いのではないか」という反論にぶつかります。「文化の違いは尊重すべきだ」という意見です。この意見に対しては、わたしは、英語であるかぎり、英語圏の人間と、さらに言うなら、世界の人間と意思疎通できる共通の思考に基づいた会話であるべきだと反論します。また、テキストが和式英語ならば、生徒は、どうやって本物の英語を覚えたら良いのでしょうか。

世界の一流レストランで、コーヒーやスープをズルズル音を出して飲むと、それを生理的に嫌う他のお客のために「日本人お断り」のサインがでます。「文化は尊重すべき」なら、コーヒーやスープを飲むときは音を出さないという相手の文化も尊重するべきです。一方、日本国内では、隣でズルズルとソバを食べる人に口をはさむ外国人はいません。これが文化を尊重することです。日本人の思考・発想を英語に持ち込むことは、世界の一流レストランでズルズルと音を出してスパゲティーを吸い込むのに近いことなのです。英語を話すときは、英語の思考・発想を尊重しろというのが、わたしの主張です。

3　和式英語は発言の意図がわからない

つぎの会話テキストを見てみましょう。三大新聞のひとつに長期掲載された英会話シリーズからの抜擢です。

テキスト2

A：うわあ、すごい雪だ。
B：一晩中雪がしんしんと降っていたのを知らなかったの。
A：うん、知らなかったなあ。

（出典：小川邦彦「Dr.オガワの英会話クリニック」毎日新聞、一九九一年四月二八日掲載）

テキストの課題は「雪がしんしんと降る」という日本語の表現を英語でどう表すか、だそうです。降雪は、吹雪でもなければ、音はしません。また「しんしんと降る」は日本語独特の擬音語を使った表現で、実際には存在しない音です。日本語には、このように、実際に〈存在しない〉擬音語があります。たとえば、深夜の静けさを描写するときは「シーン」という擬音語を使います。

わたしの生徒に、英語を覚えて世界に飛びだし、世界を生活の基盤として活躍している若者がいます。まさにわたしの若いときを再現している若者ですが、ただ一つ違いを探せば、彼の体験は、わたしのそれと比べると、規模の上で、遥かに上回ることでしょうか。このSさんは、時折、帰国した際に、後輩を訪れて、英語で冒険談をしてくれます。ヨーロッパの記者団に入り込んで、亡くなる前のアラファト議長に会った話や、サハラ砂漠の真ん中で過ごした夜や、話はおもしろく、迫力があり、わたしが止めるまで、何時間でも聞く人を惹きつけます。（この事実からも彼が国際英語を話すことがわかります。和式英語の話し手は旅行の話をさせても五分続きません。話す内容が尽きるか、聞き手は眠りこけてしまうからです。）さて、彼がサハラ砂漠の真ん中で夜を過ごしたときの体験談です。彼は、その圧倒的な沈黙に押しつぶされたそうです。彼はその沈黙を擬音語ではなく、言葉で表現しました。

彼は英語で、その時の状況を「圧倒的な沈黙が支配する世界」と表現しました。擬音語で表現すると「シーンと静まり返った世界」になりますが、この擬音語を英語でどう言えば良いかなどとは考えないのです。彼は擬音語を使わずに、おなじ状況を言葉にできるのです。また、そうすることで、擬音語を使ったときと同様に（またはそれ以上に）聞き手の心を掴む方法を知っているのです。

わが国の日本語学者がよく主張する「だから日本語はすばらしい」説に反論させてもらえば、Sさんの英語表現は、確かに、日本語の持つ情緒豊かな〈擬音語〉はありませんが、考えれば、それに勝るとも劣らぬ、言葉の力強さがあります。言葉による表現は、擬音語表現と違って、多種多彩な表現を可能にします。たとえば「シーンと静まり返った夜」を描写するには、無限の表現が可能なのです。

わたしは、逆に、テレビの旅行記などに随行する有名人が、見たこともない絶景に接して「うおー！」、「ひやー！」、「うわー！」と感嘆詞の羅列で感情を表現するのを聞くとき、むしろ、言葉を使った、豊かな表現をして欲しいと思う方なのです。

さて、作者は「しんしんと降る」という擬音語を使った表現を、何とか、英語で表現しようとしますが、日本語の擬音語を英語にするのは無駄な試みです。日本語を英語に変えるときは、まず状況を頭に入れて、その後、日本語を忘れ、頭に入れた状況を英語で表現することです。これが日本人が外国語、特に、異質なヨーロッパ語を習得する方法で、この方法が、思考・発想法を覚える一番の方法だからです。逆に、日本語を文字通り英語に訳す方法は、無理があり、労多く、実り少ないものです。英語の発想で状況を描写すれば、おなじ状況を表現するのも、表現法は無限になり、個人の表現能力が生きます。Sさんならば、日本語の擬音語を英語で表現しようなどとは考えず、豊富な英語表現を使って、つぎのように無言の世界を語るでしょう。

——雪は凍りついた沈黙の世界を覆い続けた。（The snow was piling up on the frozen world of deadly silence.）

さて、本文に戻ると「うわあ、すごい雪だ」という部分は英語です。発言の意図もポイントも明白です。ところが、それを受けるBのコメントは、英語の発想ではありません。まず「一晩中降っていたのを知らなかったの」というコメントは、言葉の裏の裏まで読む英語では、Bは寝ずに降雪を観察していたことを意味します。さらに「一晩中」を「一度の中断なく」と表現すると、一睡もせずに雪を見ていたことになります。

また、英語では「知らなかったの」という質問の意図が読めません。「うわあ、すごい雪だ」というコメントから、知らなかったのは明白です。英語は、わかり切ったことは、それが真否を問う上で重要なカギでない限り、聞き返したりしません。つまり、この質問をすることは、BはAの発言を理解していないという解釈がなり立ちます。

この意味のない質問に「一度の中断もなく」、さらに「音もなく」を組み合わせると、英語では、思考を整理できない、話術を知らないだけでは済まない、不快感をともなう態度になるのです。

結局、この会話は、最後に「知らなかった」と、相手が認めて、知識のお披露目ごっこはBの勝利に終わります。このような、個人の思考が働かず、慣習的な会話、また、縦型社会の人間がみせる、あらゆる機会を利用して、少しでも相手を上から見ようとする試みは、外国では理解されず、また評価されることもないでしょう。もし、この会話が外国で行なわれたら、この裸の王様は即座に看破され、つぎのように一蹴されるでしょう。

B：一晩中雪がしんしんと降っていたのを知らなかったの？

A：君は知っていたのかい？（Did you?）

英語を話すときは内容が命です。コンテクストを読めば、単に、大雪に驚くだけの会話です。相手のコメントに反論する状況でも、「オレの知っていることをお前は知らない」と認識させるため、議論を吹っかける状況でもありません。わたしならば、率直に相手の驚きに同調するだけで済ませるでしょう。

会話例2-2

A：うわあ、すごい雪だ。

B：本当だ。きっと一晩中降ったんだね。

そして「今日は楽しくなりそうだぞ」とつけ加えて、会話を発展させようとするでしょう。つけ加えるならば「雪がしんしんと降る」という表現は、英語では覚える必要のないものです。英語は、おなじ状況を言う場合に、無限の表現があります。英語を覚えるには、これを覚えた方が得策です。この英会話講座の著者も、この点は認識していて、テキストの中央に「擬声語は普通の単語で」という見出しがあります。しかし「雪が降る」は「quietly」より「silently」で修飾する方が普通です。「擬音語はよく選択した言葉で」が正しいと思います。

4 和式英語ではトイレにも行けない

さて、このように、日本語の思考と発想で話す〈和式英語〉は、外国へ行ったとき、どのような弊害をもたらすでしょう。つぎのテキストをご覧ください。

テキスト3
ニューヨークでトイレに行こうとしたときのことです。場所を教えてくれた人が「しかし危険ですよ」と一言つけ加えました。トイレの前まで来ると、警官が見張りをしています。怖くなって聞いてみました。
——**そのトイレは危険だと聞きましたが、本当ですか。**
すると、警官は、表情も変えずにぼそぼそ言うではありませんか。

――死なずに出ては来れますよ。

もうこうなっては、我慢するよりほかに手はありません。地下鉄で、わざわざ高級デパートへ行って、やっと一件落着。

（出典：小川邦彦「Dr.オガワの英会話クリニック」毎日新聞、一九九二年九月五日掲載より要約）

和式英語の特徴は、共通して、個人の思考が十分に働かないことです。個人の思考が働けば、警官が見張りをしているトイレは安全なことはわかります。そうすれば、警備の警官に「このトイレに入って大丈夫ですか」と聞く必要はありません。このような質問は、言葉の裏まで読む相手にとっては、真っ向から「あなたの警護能力は大丈夫ですか」と問われているようなものです。

警官の「死なずに出て来れますよ」という返事は、英語独特のユーモアとアイロニーで味つけしたもので、文字通り言えば「大丈夫ですよ」と言っているのです。ところが、和式英語の話し手は文字通りの表現しか理解せず、これを「死なずに出ては来れますが、中でどんな目に合うかわかりませんよ」と理解します。そのような解釈は状況を判断すればあり得ないのですが、個人思考が働かないと、また、言葉の〝遊び心〟を理解しないと、相手の真意を聞き逃すようです。

これは、英語の思考・発想を無視して英語を使うために、英語はわかるが、相手の言っていることがわからないという、和式英語を話す者を襲う〈悲劇〉です。逆に、英語の思考・発想を理解するヨーロッパ語を母国語とする人たちは、文字通り「いや危険ではありません。このわたしが、こうして警備していますから」と答えられると、逆に、子供扱いされている感があります。もちろん、最初の「このトイレは危険か」などという愚問は間違っても口にしないでしょう。

哀れな警官は、表情にこそ出しませんが、かなりのボディーブローを食らったことでしょう。質問の真意が理解できず、それでも、相手がトイレに入るのを心配する様子なので「大丈夫ですよ」と答えたら、今度は、相手は血相を変えて立ち去るのです。幼少時から、思考を鋳型にはめ込んで、集団の思考に置き変える教育を受けた、われわれ大人は、自由な言葉を覚えても、その自由さに戸惑い、時に、このような落とし穴にハマり込むのです。

5　和式英語では交渉はできない

つぎの会話テキストは「値段を負けさせる」という交渉術を教えるものです。状況は、エジプトに行ってラクダに乗るというものです。

テキスト4

A：こんにちは、ラクダに乗るとおいくらですか。

B：一〇ドルです。

A：高すぎます。負けてください。

B：それでは、五ドルでいかがですか。
A：それ以上無理ですか。

（出典：小川邦彦「Dr.オガワの英会話クリニック」毎日新聞、一九九一年二月一〇日掲載）

値段を聞いた後「高すぎる」と言い切る〈根拠〉は何でしょう。鳥取の砂丘でラクダに乗った時と比較しているのでしょうか。それともオーストラリアで乗った時と比較しているのでしょうか。国が変われば通貨は変わり、物価も変わり、実質の通貨価値も変わります。さらに交渉の仕方も変わります。たとえば、メキシコで値切らずに、言いなりの価格を払えば笑われるし、ブラジルで値切ろうとすれば顔をしかめられるでしょう。つまりビジネスのやり方は国によっても違うのです。

もし、初めてラクダに乗るという状況（この状況が一番現実味があります）ならば「高すぎる」は、裏づけのないハッタリに過ぎません。このようなハッタリは、簡単に、見透かされます。相手は観光客を毎日見ています。日本人観光客の特徴も熟知しているでしょう。このようなハッタリが効く相手ではないはずです。「いいえ、そんなことはありません（No, it isn't.）」と、いとも簡単に、はねつけられるでしょう。

また、ここで使われている「高い」という語は、使う人の〝主観〟を表す言葉です。「あなたの主観は間違っている」と耳もかさないでしょう。それが、この「そんなことはありません」で表されています。つまり、このような幼稚な交渉法では、相手に足下を見られ一蹴されるだけです。相手にとっては、組みしやすい、隙だらけな人間です。

ところが、驚くことに、相手は、客の言いなりになって、即座に、自分から半額を言い出します。このようなアラブ人が実在するでしょうか。実在するとしたら、頭が弱いか、よほどお客にあぶれた状況しか考えられません。つまり、このアラブ人は、希望的な思考（wishful thinking）が創造した人物でしょう。まるで個人思考をラクダのコブの中に忘れてきたアラブ人です。このように和式英語の会話教材には、必ずと言っていいほど、これまた、和式英語を話す外国人が登場するのです。

最後に、観光客は「それ以上無理ですか」という信じられない愚問を投じます。まさか「いや、もっと負けられます」という返事が返るとでも思っているのでしょうか。このような自分を不利に追い込む質問をすることは、やはり、個人思考が停止しているとしか言えません。英語で「あと一声！」という時は、つぎのようになるはずです。

——三ドル！

さて、もし、テキストのような交渉術を実践しても、成功するはずはありません。このような鋳型に嵌まった、教科書的な（textbookish）思考を押し通すと、逆に、相手の言いなりになり、とんでもない要求を飲まされるのが関の山です。たとえば、帰りに、倍額を請求されるはめになるでしょう。相手は、客の思考能力をすばやく読み取り、不法な要求をしても、それに対応する思考能力も、言語能力もないことを読み取るからです。

国際英語で、交渉するには、まず、つぎのように始めます。

――その値段はわたしの予算をオーバーしています。(It's way over my budget.)

しかし、この一〇ドルという価格設定では、この表現を使うのは気が引けます。エジプトまで行く観光客ならば、払えない金額ではありません。模範テキストを作るなら、わたしならば、もっと値の張る金の装飾品か絨毯を買うという状況にするでしょう。

値段を負けさせるには、そのための言葉があり、それを覚えて使えば、相手は負けるという安易な考え方は現実的ではありません。交渉は流動的であり、相手を読み、自分の立場を生かし、タイミングをはかり、ここと思うときは押し、時には引いて妥協する柔軟な思考が必要になります。交渉では、個人の思考だけが頼りです。

また、相手に負ける気があれば、「予算をオーバーしている」というコメントに、相手はつぎのように応答するでしょう。

――予算はどの位ですか？

そして予算を言うと、値引きできるときはするし、できないときは、もう少し安価な商品を勧めるでしょう。またラクダに戻って、どうしても負けさせたいときは、無駄口はたたかないで、ただ「五ドル」と希望の値段を言ってみることです。うまく行けば、「ＯＫ。七ドル」という相手の中間値をとった一言で決まるでしょう。このような交渉は英語ができなくとも、指を立ててもできます。日本語の交渉でも最初から「そりゃあ高い」と始めて、相手の感情を逆撫でする馬鹿はいないでしょう。

わたしの交渉法は、まず最初にエジプトでは値切る習慣があるかどうかを調べるところから始まります。つぎに相手が、ラクダの持ち主か、使用人かを見極めます。そして今日は儲かっているかどうかを探ります。これは、相手がどれだけ交渉に熱心かでわかります。そして指値を入れたあと、ぐずぐず言っていたら、その場を去ります。背中に「ちょっと待て」という声が掛かれば商談は成立です。声が掛からなければそれで終わりです。つまり、値段を負けさせるときは、対象の商品、またはサービスを諦める覚悟がなければできません。しかし、現実には、一〇ドルの代金を負けさせようとはしないでしょう。

突き詰めて言えば、商談の仕方はエジプトでも日本でもおなじです。日本で値段を負けさせられる人は、英語でもできるのです。要は、個人の能力の問題です。こういう場合はこう言う、あいう場合はああ言うで解決する問題ではありません。ところが、英語には、こういう場合はこう言えば良いという〈魔法の言葉〉が存在すると謳ったテキストが横行しています。これも、一種の、集団思考が生んだ集団誤解です。

問題はテキストではなく、先生の思考・発想法にあります。このように、わが国では、英語を話すと、子供の思考・発想に戻る人は大勢います。もし、先生が実際にわが国の製薬会社の代表として、インドの製薬会社の代表と利害関係の絡む交渉に当たったとしたら、こっぴどい目にあうのは目に見えています。

6　和式英語では博物館に入れない

〈こういう時はこう言う。ああいう時はああ言う〉という柔軟性のない思考は外国では用をなしません。テレビの人気講師だった、ある著名な英会話教授の書かれた、英会話のベストセラーの書き出しを見てみましょう。

――英会話で最も大切なことは、場面に適した表現が間髪を入れずに口をついて出てくることです。それには、ふだんから場面と、そこで使われる表現やことばとを一緒に覚える練習をしなければなりません。次にそうして覚えた表現を正しく発音し、相手に通じさせる練習をしなければなりません。（中略）最初から一つひとつ本書の英語を暗記してゆくのもよし、「こんなとき、なんと言うのかな？」と実際の場面にぶつかるたびに本書をとりだして、そこを覚えてゆくのもいいでしょう。

（出典：東後勝明『英会話１１０番――ビジネス編』旺文社、一九八二年）

これは、英語の思考を理解しない人のものです。確かに「こういう時はこう言う」という慣習的な話し方は、程度の差こそあれ、どの言語にもありますが、英語では、それは挨拶のたぐいぐらいです。その挨拶や感謝の意を表す決まり文句でさえ、紋切り型の表現を避け、独創的な表現を歓迎するのが英語です。相手が何を考えて、何を言うかは、相手の発言を聞くまでわかりません。ここが、また、紋切り型の会話と違い、会話をおもしろくするのです。それでは、このベストセラーから、〝こんなとき、なんと言うのか〟の実践例を挙げてみましょう。

テキスト5

〈見学をしたいとき〉

X：もしもし、どこへいらっしゃるんですか？

Y：えっ、旅行者です。中へ入って、ぐるっと見てもいいでしょう？

X：今日はだめですよ。

Y：この中へはいつ入れるのですか？

X：土曜日と日曜日の午後一時から五時までだけです。

（出典：東後勝明『英会話110番——海外旅行編』旺文社、一九八〇年）

説明が不十分なので、状況がよくわかりませんが、どうも、閉館日の博物館に入ろうとする観光客と、それを見つけて止めようとする警備員の会話のようです。観光客が、なぜ、このような言動に出るかについての説明はありません。

外国では、たとえ観光客でも、このような行動に出るのは危険です。窃盗が目的と取られかねません。このような奇行に出る理由は、わが国では高価な展示品が少なく、窃盗被害も稀で、博物館は比較的に安全な場所という観念があるからでしょうか。しかし、外国では、博物館は高価な展示物が多く、博物館を運営する上で、警備は最重要です。

さらに、閉館中の博物館に入るのは不法侵入です。犯罪になります。この会話の設定から判断すると、作者の個人思考はほとんど休養していることがわかります。これは、わが国では、よく平和ボケで片付けられますが、それではすまされない深刻な問題です。

さて、侵入者に、警備員は「どこへ行くつもりだ？」と詰問します。銃を突きつけないまでも、これが警告であることは、明白です。ところが、返ってきたのは「旅行者です」という的外れな答えです。このような緊張した状況では、意味不明な返答を返すことは、非常に危険です。わたしも、海外で、実際に、返答次第では命を落とす危険な体験を何度もしています。一度でも即答をしそびれたり、的外れな返答をしていたら、こうして生きのびてはいないでしょう。

つづいて、この侵入者は、まるで観光客ならば閉館中の建築物に入る特権があると言わんばかりに、平然と「中へ入っていいですか？」と問います。この言動は、どのような解釈をしても、罪のない観光客の域を出た、正常な思考を失った人間のものです。

これは「中に入って、ぐるっと見て回って良いですか？」という表現を覚えるためのレッスンです。わたしが、テキストを書くとしたら、このような、読者を危険に晒す状況設定は避けるでしょう。博物館を見たいときは、まず、開館日に、入場料を払って、正門から入るよう勧めます。こんなことを知らない人はいません。しかし、個人思考がストップすると、このような子供でもわかることが、わからなくなるようです。怖いのは、この現象は、和式英語を話す者の間でよく見られることです。

また、この「中へ入って、ぐるっと見てもいいでしょう?」という表現は、閉館した博物館で警備員に使っても意味がないだけでなく、開館中の博物館に入場料を払って入るときも意味のない表現です。つまり、この表現は覚えても使う機会はないのです。外国では、建物の所有者や管理者が使う言葉で、その場合「中に入って、ゆっくりご覧になってください」になります。訪問者が自分から言う表現ではないのは言うまでもありません。

この会話の設定は、まるで〈喜劇〉です。喜劇では、会話はつぎのようになると思います。

会話例5-2

警備員：(銃を向けて) 動くな! どこへ行くつもりだ?

侵入者：あ、わたしは旅行者です。中に入ってぐるっと見て回っていいでしょうか?

警備員：そうかい。わたしはディック・トレイシー (米国のコミックに登場する警部) だ。両手両足を開いて、壁に手をつけろ! 逮捕する。

この〈こういう時はこう言えばいい〉シリーズは、個人思考をしない読者を対象に書かれています。

・タクシーの空車を確かめるとき（どう言うか）

簡単です。国際語を使えばいいのです。空車の表示を見てわからなければ、中を覗いてみればいいのです。または、手を上げてみれば良いのです。

余談になりますが、わたしの青春時代、英語熱に取りつかれ、寝ても覚めても英語、英語、英語の毎日を過ごしていた時のことです。立川にあった米空軍基地でアルバイト口を見つけました。その初日のことです。まず、基地内では、目が合うと、誰もが微笑んで、挨拶を交わしてくれます。ところが、挨拶の仕方が一人一人独創的なのです。

わたしをみると「オハイオ」という将校がいました。日本語の「おはよう」と「オハイオ州」をかけたのです。挨拶は「Good morning.」と紋切り型に覚えていたわたしは、一瞬、返事に詰まったことを覚えています。翌日、将校を目にしたわたしは、わたしの方から「オハイオ」と切り出して相手の反応を待ちました。ところが、相手は、平然と「マサチューセッツ」と切り返してきました。つまり、わたしはオハイオ州の出身ではなく、マサチューセッツ州の出身だよ、とかわされたのです。わたしは吹き出さずにいられませんでした。

また、わたしの「今日はいかがですか?」という挨拶に、踊りながら「ファイン、サンキュウ、ブギウギ」と答える兵隊もいました。挨拶は、どこの国でも、紋切り型なものです。これらの自由奔放な対応は、わたしに、英語という言葉を覚える上で、大きな影響を与えたけでなく、英語は〝遊び心〟一杯な言葉であることを学習しました。言葉の遊びは、個人の頭から出ます。

映画「ワーキング・ガール」を覚えていますか? この映画の中で、ハリソン・フォードがメラニー・グリフィスの会社を訪問します。メラニーは重役を装っていたので、友人に秘書に化けて、休暇中の重役の部屋に通すようにお願いします。その時、秘書に化けて飲み物を勧める友人が、イケメンの来訪者を見て、とっさに口にした言葉を覚えていますか?

——コーヒーを召し上がりますか、紅茶にしますか、それともこのわたしを……?

この自由奔放な個人思考こそ、英語の世界で評価を受けるのです。「こういう場面ではこう言う」と決まっていて、その場面、場面を暗記すれば、英語は話せるという通説では、「来客に飲み物を勧める」という状況だけでも表現は無限になります。上の状況は一〇〇〇番目になるでしょうか。それとも一〇〇〇〇番目になるでしょうか。状況に合った表現を一つ一つ覚えるよりは、自分で会話を創造する方が、遥かに早いし、個性の生きた、英語らしい英語になるのです。

7 和式英語は筋が通らない

話の筋を通すこと。これは、言うまでもなく、コミュニケーションの基本です。しかし、個人の思考がストップすると、この意思疎通の大原則を守れません。これが和式英語の特徴です。つぎのテキストをご欄ください。

テキスト６
〈自分の家を案内するとき〉
Ｘ：まあ、すばらしいお部屋ですね！
Ｙ：どうも。おすわりになりませんか？
Ｘ：これが典型的な日本の家なの？
Ｙ：そうでもありません。家の中をお見せしましょう。
Ｘ：あーら、どうも。日本の家の中に入れてうれしいわ。これが初めてなものですから。
（出典：東後勝明『英会話１１０番――日常生活編』旺文社、一九七八年）

人の家についてコメントをするとき、部屋ではなく、わたしは家についてします。家を対象にすれば、部屋は含まれますが、部屋を褒めても、家を褒めることにはなりません。家について言及すれば、つぎの「これが典型的な日本の家なの？」に続きます。一方、部屋を褒めると、話題を進展すれば「これは典型的な日本の部屋ですか？」となるはずです。

さて、Xは「これが典型的な日本の家なの？」と聞きますが、日本家屋に入って「これは日本家屋ですか」と聞く人がいるとは思えません。見ればわかります。そうすると、話題は〈典型的〉かどうかに絞られます。この「典型的な」という言葉は、解釈によっては、伝統的なという意味と、「狭い」、「庭がない」などの現代風の日本家屋の特徴を言っているとも取れます。

この意味がよくわからない質問に「そうでもありません」という、これまた、「イエス」でもなく、「ノー」でもない、あいまいな返事が続きます。和式と洋式を取り入れた家ならば、訪問客はすぐ気づいて「うまく和洋折衷させていますね」と切り出すでしょう。この部分のあいまいな会話は、何度、読み返しても内容がつかめません。このような内容の不明な会話は、英語はもとより、ヨーロッパ語ではしません。フランス人に至っては「意味の明白でないフランス語はフランス語にあらず」と言い切っているほどです。

会話に一貫した内容がないといえば、この「そうでもない」という、否定的な答えが、まるで耳に入らなかったかのように、「初めて日本の家に入れてうれしい」という意味のコメントが続きます。訪問者は、最初から「典型的な（？）日本の家」に入った認識はあるようです。それならば、なぜ、その前の質問をしたのでしょう。

意味のない質疑応答をするのは、対話者が、個人の思考をせず、慣習的で、儀式的な話法を英語に持ち込もうとするからです。わたしはメキシコの家庭に招待されたら、メキシコ家屋の特徴をすぐ把握できます。多くの花に飾られた庭、サラペをふんだんに使った室内装飾、居間の仕切り壁がアーチ型で、独特の壁の色合いなどから、伝統的なメキシコ家屋を、モダンなデザインと材料を使ったアメリカ家屋と間違うことはありません。「これは伝統的なメキシコ家屋ですか？」などと聞くと、逆に「あんたは眼をつけていないの？」と言われるでしょう。

また、一歩引いて、質問したとしても、「そうでもありません」という返事が返ったら、「それはどういう意味ですか？」または「どこが違うのですか？」と臆せず聞くでしょう。会話に意味を持たせたいからです。わかっていないのに、わかる振りをする人間という印象を与えたくないからです。誠実なコミュニケーションをしたいからです。

不思議なことに、この暗記用教材シリーズでは、この「そうでもありません」という〈あいまいな表現〉が多用されます。たとえばつぎの会話を見てください。

テキスト7

X：泳ぎがうまいんですってね。

Y：いいえ、それほどでもないのですが。

（出典：東後勝明『英会話110番――日常生活編』旺文社、一九七八年）

このような発想は英語では不自然です。まず否定的です。英語は肯定的な思考を好みます。また日本語の〈社会に強いられた謙遜〉は理解されません。英語では謙譲の美も個人の財産なのです。まず相手の真意を把握すれば、泳ぎがうまいかどうか聞いているのではなく、泳ぎがうまいのを褒めているのです。返事は、当然「ありがとうございます」になります。そして「泳ぐのが好きなんです」とコメントを続ければいいので、相手の褒め言葉を否定する必要はありません。

さて最初の会話に戻ると、テキストの内容に気配りがないのも目立ちます。たとえば、ゲストを座らせた直後に、すぐ立たせるのは、個人の思考が働かない証拠でしょう。話の筋を通して、会話を発展させれば、つぎのようになると思います。

会話例6-2
X：すてきな家ですね。
Y：ありがとうございます。中をご案内しましょう。
X：ありがとう。うれしいわ。

8 和式英語では日本食を食べられない

和式英語では、個人の思考が〈慣習的な思考〉に置き換えられ、自由な表現が〈決まり文句〉に取って代わります。このような思考と表現は、新しい状況に対応しません。つまり、海外に出たときなどには対応できないのです。一方、全神経を話の〈内容〉に集中する英語の話法では、個人の思考がフルに働きます。英語圏の人間は相手の発言を、一歩、二歩、三歩と踏み込んで聞き、話す時にもこの態度を貫きます。この意思疎通法を理解しないと、英語を覚えた後でも、思慮を欠いた話し方をします。

テキスト８

〈メニューを見たいとき〉

Ｘ：何をお召し上がりになりますか？

Ｙ：メニューを見たいのですが。

Ｘ：それはどうもすみません。もうメニューがわたっているものと思っていました。はい、メニューです。

Ｙ：日本の料理はありませんか？

Ｘ：申し訳ありませんが、用意しておりません。スペシャル・ランチがきっとお気に召すと思いますが。

（出典：東後勝明『英会話１１０番――海外旅行編』旺文社、一九八〇年）

和式英語のテキストの特徴は、コンテクストがないことですが、右の会話は、どうも〈日本食を食べたい人が中華料理店にはいる〉という状況のようです。日本食を食べたいのならば、日本料理店に行くべきで、これは言語学的な問題ではありません。精神病理学的な問題になります。また、対応するウエイターも、肝心な仕事である、メニューを渡すのを忘れたようです。メニューが無ければ、お客は注文を決められません。理解に苦しむのは、お客を観察していれば、この状況はすぐに気づくはずですが、ウエイターはそれに気づきません。またお客も、ウエイターが注文を取りに来るまで、メニューを要求しません。

さて、メニューを一瞥したお客は、期待を裏切られたようです。自分の食べたい料理が載っていないのです。中華料理店ですから、これは当たり前ですが、お客は、それがわかった後でも、臆せず、日本料理はないかと要求します。

このように、この暗記用の模範会話に登場する人物は個人の思考が停止しているか、英語の思考・発想法を知らないか、または、その両方の徳の持ち主のようです。もしニューヨークの中華料理店で上のような会話をしたら、つぎのようになるでしょう。

会話例8-2

X：何をお召し上がりになりますか？

Y：日本料理はありませんか？

X：日本料理をお望みでしたら、日本料理店に行かれることをお薦めいたします。

確かに、この会話では課題の〈メニューを見たいのですが〉という表現は出てきません。しかし、この表現は覚える必要がありません。お客をテーブルに案内し、メニューを渡し、注文をとるのはウエイターの仕事です。ウエイターがメニューを渡さない場合は、すでにテーブルに置いてある場合だけです。ウエイターが渡すのを忘れる状況は、稀な状況です。和式英語では、暗記したフレーズを、ここぞとばかり披露するのでしょうが、わたしなら、微笑みながら、簡潔に、小声で「Menu, please.」と、相手のミスをカバーしてあげるでしょう。

9　和式英語では下車駅に降りられない

テキスト９
〈乗り越したとき〉
X：どこで下車するとおっしゃいましたか？
Y：マーブル・アーチです。
X：それでは、この前のバス停で降りるべきでしたよ。
Y：そうでしたか？
X：でも、心配しなくていいですよ。次のバス停で降りて歩いてひき返せばいいんですよ。遠くはないですから。

（出典：東後勝明『英会話110番——海外旅行編』旺文社、一九八〇年）

今度は、自分の降りるバス停を、うっかり乗り越してしまった人の会話のようです。また、相手が降りるバス停を知っていたら、乗り越してからではなく、普通は、乗り越す前に教えるでしょう。妙な状況設定です。

また、最後のコメントは、さらに妙です。まず、相手が心配しいると決めつけて「心配するな」と言いますが、英語の世界では、心配しているかどうかは聞いてみるまでわかりません。このように勝手に相手の気持ちを先読みするのは和式英語の特徴です。個人性が希薄だと、相手の個人性も認めようとせず、自分とおなじような考えをすると決めてかかるようです。

また、乗り越したら、引き返すのは子供でも知っています。引き返すためには、確かに、Xの言う通り〝歩く〟方法がありますが、反対方向のバスを使っても、また急いでいるならタクシーを拾ってもいいはずです。目的地が両停留所の中間地点にある場合は、降りた地点から目的地に直行する手もあります。つまり、このXのコメントは、相手がまったく自分とおなじように個人の思考をしない人間だと想定しています。

このコメントは、個人の思考をするものにとっては、知的な屈辱を与えかねません。また、一応、これを親切心から出たコメントと取っても、Xの言葉から知的なバイブは感じられません。実際に、このような言葉をかけられたら、ヨーロッパ圏の人間ならば、気持ちが良くはないでしょう。

若者だったら、反感を買って、キツい言葉のしっぺ返しを食らうでしょう。
　続く「遠くはないですから」という忠告も、バス区間を目測できない相手を想定しています。英語の思考・発想には、「わかり切ったこと」を言葉にする余地はありません。つまり、このような状況は、英語では、現実離れしたもので、このような状況はどう表現すれば良いか覚えても意味はありません。この模範会話の目的は「この前のところで降りたかったのですが」という表現を覚えることだそうですが、このような表現を覚えるよりは、自分の降りるバス停をしっかり眼を開いて見ていることです。また、教える側は、乗り越してからではなく、乗り越す前に教えるべきです。

10　和式英語では相手を裏口から訪ねる

この暗記教材は、信じられないような状況ばかりです。つぎの会話もその一つです。

テキスト10
〈面会を依頼するとき〉
Y：すみませんが。
X：はい何でしょう？

Y：こちらはアメラコ株式会社ですか？
X：はい、そうですが。
Y：スミス氏にお会いしたいのですが。三時にお会いする約束をしてあります。
X：ここは会社の裏口なので、この建物の向こう側の受付までお運びいただけませんか。
Y：わかりました。どうもありがとう。

（出典：東後勝明『英会話110番——ビジネス編』旺文社、一九八二年）

テキストは、受付で「〜さんにお目にかかりたいのですが」という表現を覚えるための暗記教材です。この表現に「何時に予約をとっている」をつけ加えると完璧だそうです。予約をとって人に会いにいくとき使う表現は、多くはないでしょうが、それでも〝こういう場合はこう言う〟と決めてかかるより、自分の良識と判断で行動したら、あらゆる状況に柔軟に対応できるでしょう。

テープレコーダーのように決まり文句をくり返すよりは、受付嬢が好感を抱くような、微笑みを浮かべた、感じの良い挨拶の方が大切です。個性的な礼儀は、儀式的な礼儀にはない魅力を発揮します。豊かな個性は、ビジネスの世界でも、潤滑油の役を果たします。こういう場合はこう言うという慣習的な英語に頼るよりは、個性的な魅力を活かす方が得策でしょう。

慣習的な話し方に頼りすぎると、その分、個人の思考が働かなくなり、魔法の言葉に頼れば頼るほど、思考ができなくなり、挙げ句の果ては、人を訪ねるのに、裏口から入ったり、関係のない人に「～にお目にかかりたい」と魔法の言葉を投げかける喜劇の世界に突入します。

個人の思考をすれば、正面入り口から入るでしょう。訪問する会社名はビルの入り口のロビーに記してあるので、人に聞いて確認する必要はありません。目的の会社に入ったら、インフォメーションへ行って、まず自分の名前を言って、つぎに相手の名前を言い、アポを取ってあることを言います。そうすれば、テキストの悲喜劇を避けられます。

これは、正常な精神の持ち主ならば、誰でもわかることですが、しかし、正常な精神をもつ人が、日本人の場合、英語を話すと、思考力を失うのです。そして、馬鹿か、頭がおかしいか、鼻持ちならない奴に変身するのです。また、この奇妙な和式英語のテキストが、なぜベストセラーになるのでしょう。そして、多くの読者だけでなく、出版関係者に受け入れられるのでしょう。この日本の七不思議を、少しずつ解明していきましょう。

実は、わたしがこの教材を知ったのは、生徒の一人が読んでいたからです。わたしは一読して、本を取り上げました。その後も、生徒が市販の教材を読んでいると、必ず、見せていただくことにしていますが、多くは和式英語の教本です。また、本屋に行けば、和式英語の教本が本棚を埋め尽くしています。しかし、ある生徒が、息子の教科書を持ってきて、それを見せてもらったわたしは、それまでが和式英語なのにびっくりしました。それが、この本を書く動機になったのです。

11 和式英語は優柔不断

ストレートに要点を突くのが英語の特徴ですが、和式英語は、その反対に、緩慢で、あいまいで、要点がはっきりしないことが多いのです。これは確立した個人性の欠如が原因でしょうか。時には、個人の意思を、故意に、あいまいに表現する意図さえ見られます。また、なんの理由もなく、突然、態度を急変します。これも自分の意図を主張することを恐れるからでしょうか。つぎの会話を見てください。

テキスト11
〈どうぞおかまいなく〉
John：コーヒーいかが？
Ann：結構です。
John：ほんとにいいのですか。
Ann：ええ、どうぞおかまいなく。
John：自分が飲みたいものだからいま入れようと思ったんですけど、いっしょに飲みませんか。
Ann：それではいただきましょう。

（出典：東後勝明『ひとりでできる英会話』三笠書房、一九八八年）

はっきり断っているのに、何度も執拗に勧める理由は何でしょう。相手がコーヒーを飲みたくないのなら、「それでは紅茶はいかがですか？」と聞き返せば、会話は発展します。そして「何も要りません」と言われたら、相手の意思を尊重して、自分だけ飲めばいいのです。飲みたい人がコーヒーを飲み、飲みたくない人は飲まないのは、個人性の確立した英語圏では（また世界では）、ごく自然なことで、礼を欠きません。むしろ、飲みたくない相手が受け入れるまで執拗に勧める方が礼を欠いています。

確かに、どこの国にもいるように、英語圏にも「否定の答えは受けつけん（I don't take "No" for an answer.）」という頑固な人間はいますが、これは重要な決定や、決議に関する場合で、コーヒー一杯でどうのこうのと言うのは偏狭的すぎます。どうもJohnは、個人主義の世界を知らない外国人のようです。

一方、Annも、負けず劣らず、不可解な言動にでます。何度もキッパリ断っておきながら、最後には、受け入れるのです。これでは、最初の「結構です」という拒絶は、真意なのか、また、最後の「飲みたい」という受諾が、真意なのかわかりません。このように、発言の真意がわからないのが和式英語の特徴です。英語は、自分が飲みたければ「ありがとう。いただきます」、飲みたくなければ「いいえ、結構です」という単純、明確な世界です。この単純明瞭な個人思考ができないAnnも、John と同様に、個人主義の世界の思考にうとい人間のようです。

日本人の会話テキストに登場する外国人は、こぞって、日本語の思考で英語を話します。日本語では、人に飲み物を勧められたら、飲みたくても、まず一度は遠慮するのが奥ゆかしいという慣習的な思考が支配します。つまり、個人の思考が慣習的な思考に置き換えられるのです。しかし、この慣習的なしきたりは日本人の間ではうまく働きますが、日本を一歩でると、日本人の常識とおなじように、うまく働かなくなります。簡単な「コーヒーはいかがですか？」という質問にも対応できなくなるのです。

この混沌とした心理状態を抜け、英語の発想を覚えるのは、実は、驚くほど簡単です。英語を話すときは、慣習的なしきたりを忘れ、個人に戻り、自分に正直になればいいのです。つまり、コーヒーを飲みたければ「はい。いただきます」、飲みたくなければ「結構です」、と率直に答えればいいのです。実は、相手が期待しているのも、この率直な答えなのです。つまり、英語の意思疎通は個人がベースになっているのです。相手はあなたがコーヒーを飲みたいかどうかを知りたいだけです。複雑な慣習やシキタリのしがらみの中で相手をとらえて「非常識ね」などと批判する気持は毛頭ないのです。

英語でコミュニケーションをするという、日本人にとっては、非伝統的な世界に入るには、日本人の常識を捨て、慣習を捨て、子供に返り、本来の自分に戻れば良いのです。英語の世界は、ある意味では純粋な子供の世界です。その基本観念の上に、表現力をつけ、話術を磨けば良いのです。教養と良識を高めれば良いのです。

また、優れた会話術を身につけたければ、現代のベストセラー小説から、または、映画から学べば良いのです。英語の思考・発想法は世界に通じます。一方、われわれ日本人の思考と発想は、われわれの常識が通じないように、世界に通じ難いものです。その常識と思考・発想を基にした「和式英語」では、世界市民になるのも難しいでしょう。

さて、上の状況で、わたしが John だったら、最初から、つぎのように話すでしょう。

会話例11-2
John：コーヒーを入れるところだけど、つき合わない？
Ann：遠慮しとくわ。ありがとう。

また「どうぞおかまいなく」を教える目的ならば、つぎのようにします。

会話例11-3
John：コーヒーいかがですか？
Ann：結構です。ありがとう。
John：紅茶は？

Ann：どうぞおかまいなく。

12 和式英語は矛盾だらけ

和式英語の特徴は、矛盾が、堂々と通ることです。つぎの会話をみてみましょう。

テキスト12
〈準備はできています〉
John：準備はいい？
Ann：ええ、すっかりできたわ。
John：ようし。じゃ、車をまわすよ。
Ann：わたしは忘れ物がないかもう一度たしかめるわ。
（出典：東後勝明『ひとりでできる英会話』三笠書房、一九八八年）

「すっかり準備できたわ」と断言した、その舌の乾かないうちに、「忘れ物を再チェックする」は矛盾します。「準備万端」は、もうチェックの必要はない状態をいう言葉です。このような矛盾は、日本語では見逃されても、英語では、目立ちます。

この会話は、英語で言うと、つぎのようになるでしょう。

会話例12－2
John：準備はいい？
Ann：いいわよ。
John：じゃ、車をまわすよ。

この「準備万全」と言ったあと、「だけどもう一度チェックするわ」という〈念には念をいれる〉という気持を表すならば、最初のコメントにその余地を残さなければなりません。たとえば、つぎのように言えばいいのです。

会話例12－3
John：準備はいい？
Ann：大体ね。
John：僕は車をまわしておくね。
Ann：じゃ、その間に最終チェックしとくわこの程度の話法は、英語圏では小学生でもわかります。石神井公園の隣に住んでいたときのことです。隣に、小学生の娘とおなじ年のまゆみちゃんがいました。当然、子供たちは友達として育ちます。お互いの誕生日には必ず一緒に祝いました。ところが、娘がインターナショナル・スクールに通うようになると、ふたりの言動が合わなくなってきたのです。

娘の四年生の誕生日が、まゆみちゃんの最後の参加になりました。パーティーで、まゆみちゃんは、どうすれば良いかわからず、途方にくれて立ちすくんで、ひとり取り残される苦痛の時間を過ごしたのです。一方、娘の学校友達たちは天真爛漫につぎつぎと遊びを考え出しては楽しんでいます。イランの友達は弟を連れて来ていました。この男の子が一番活発で、お姉ちゃんたちを先導して遊びまくっていました。それに対して、まゆみちゃんはまったく皆の輪に入れないのです。

確かに言葉という障害はありました。しかし、参加した子供たちは、みんな英語と日本語に加えて、母国語の三か国後を話します。聞いていると、ひとりが英語を使いだすと、一瞬に、全員が英語になり、つぎの瞬間、日本語になって志村の真似をしたり、言葉がくるくる変わります。これに当惑したのでしょうか、まゆみちゃんは無言で立ちつくすばかりでした。まゆみちゃんは、この時点で、すでに個人の思考の自由を奪われた子供になったのです。

しかし、英語ができないという点では、イランの男の子もおなじだったのです。しかし、彼は、言葉などモノともせず、精一杯遊び回りました。これは死んだように黙って立ちつくしたまゆみちゃんと好対照でした。この子は来る前に、親に「楽しんでおいで」と言われたでしょう。一方、まゆみちゃんはお母さんから「お行儀よくするんですよ」と言われたのでしょう。いろいろな国の子供たちが集まったパーティーで、お行儀良くするには、どうすれば良いかわからず、自分を見失ったのです。こういうときはこうする、ああいうときはああすると、言動を規制されたまゆみちゃんは、小学校四年生で、すでにそういう世界にしか対応できない子供になっていたのです。

ＣＮＮを見ていると、教育の目的を一言で言い切っていました。つぎつぎと各国の若者が登場して、教育のモットーを唱えるのです。

――わたしは自分になることを学ぶ。(I learn to be myself.)

――わたしは独立することを学ぶ。(I learn to be on my own.)

教育とは子供の個性を生かし、助成することの一言に尽きるのではないでしょうか。そうしないと、わたしのケースように、家庭教育、学校教育を払拭し、自分を教育し直すはめになります。可哀想なまゆみちゃんは、家庭教育と学校教育を通して、文字通り、世界と逆の教育を受けているのです。

――わたしは自分でないものになることを学ぶ。(I learn not to be myself.)

——わたしは社会に同調して生きる人間になることを学ぶ。（I learn not to be on my own.）

子供を立派な日本人に教育することは、自分でないものになることを強要することがわからないのでしょうか。

13 和式英語では道は聞けない

簡潔で、わかりやすいコミュニケーションを心掛けることは会話の基本です。また、常に、会話の進展を心掛けて、話が堂々巡りするのを防ぐのも会話の基本です。一方、その逆を行く、複雑怪奇で、判読し難いのが和式英語です。その結果、当然のことながら、話は堂々巡りします。つぎの例を見てみましょう。

テキスト13

〈いえ、そうではありません〉

Ann：ちょっとおうかがいしますが、一番近い駅を教えて下さいますか。

Stranger：ええ、すぐそこの角にあります。

Ann：ああ、あれじゃないんです。私の言っているのは汽車の駅のことなんですけど。

Stranger：さてと、それは知りませんね。バスの停留所じゃだめですか。
Ann：バスでスプリングフィールドまで行けます？
Stranger：さあ、それはちょっとわかりかねますが。

（出典：東後勝明『ひとりでできる英会話』三笠書房、一九八八年）

まず、この会話は、思考を整理して、言い直せば、つぎのようになります。

会話例13-2
Ann：鉄道の駅はどこかご存じですか？
Stranger：知りません。

英語を話すときは、個人の思考を全面に出せばいいのはわかっても、われわれ日本人は、知らない人と話すとき、裃を脱いで、自然体になれないのです。まず、自分と相手の縦型社会の位置を定めないと話せません。たとえば、大人に道を聞くときと、子供に聞くときは聞き方が変わります。さらに、相手が外国人のときは、慣習的なシキタリが当てはまらず、緊張したり、下手なことを言ったら日本人としてどう思われるかなどと、雑念が多く、会話の内容に集中できないのです。

英語で話すとき、または、外国人と話すときは、個人に戻りましょう。外国人に通用しない〈社会的な束縛〉から離れ、自分に戻れば良いのです。相手に日本人と話しているという意識はなく、あっても、それは最初の数秒で、後は、あなたという個人と話しているのです。相手は、日本人の常識、良識の基準であなたを見ていません。相手を批判的には見ていません。二人の会話に国籍を持ち込むのは、あなたの方なのです。日本人がどう見られるかではなく、あなたがどう見られるかです。このように、馬鹿に見られたくないために、日本人の恥にならないように、と余計なことに頭を使い、話の内容に集中できないため、結果的に、馬鹿なことを言うハメになるのです。

加えて、人の間違いを、ストレートに笑う文化では、笑われる恐怖に支配されます。英語を話すときも、その悪癖が出て、必要以上に間違いを犯すことを恐れます。その結果、話の内容に神経を集中できず、考えられない間違いを犯すのです。これらの社会的な束縛を捨て、自然体に戻れば、つまり、個人の思考をすべての基準にすれば、ミスも防げれば、後で後悔するような馬鹿な言行に走るのを避けられるのです。英語の社会は、人の間違いを笑わない社会です。

間違いには、言語学的なもの、しきたりに関するもの、日本人の常識に関するもの、と多種多様です。それを恐れるあまり、ああ言ったら笑われるのではないか、こう言ったら馬鹿だと思われるのではないか、と〈自分〉のことばかり考えて話すのです。英語を話すときは、自分のことは忘れて、相手の身になって話す余裕が欲しいものです。そうすれば「駅はどこですか」などというあいまいな聞き方はせず、「鉄道の駅はどこですか」と言った方が、相手にはわかりやすいことはわかるはずです。
また、これは余談ですが、道を聞かれて、知らなかったら、そう言ってやるのが親切心です。よく外国人に道を聞かれて、よく知らないのに、そう言わず困っている人がいます。急いでいる相手は、知らないと言ってもらった方が、時間的にも助かるのです。

14 和式英語は支離滅裂

日本人の思考で会話を押し進めて行くと、往々にして、だらだらした、要を得ない、支離滅裂な会話になります。つぎの会話をみてください。

テキスト14
〈社内の人のうわさをするとき〉
Y：言いたくないけど、グレーさんはもう信用しないんだ。
X：どうして？
Y：あの人は気持ちがすごく変わるんだから。
X：考えを変えるたびにそれなりの理由があれば、それは道理にかなってはいるでしょう。
Y：ところがさにあらず、あの人は上役のきげんばっかりとっているんだから。

X：おー、恥ずかしい。

（出典：東後勝明『英会話110番——ビジネス編』旺文社、一九八二年）

日本語を読んでも、要点がつかめません。まず日本語で、少し考えを整理してみましょう。

Y：（上司の）グレーさんの朝令暮改の態度にはついていけないよ。

X：辞める前に思い切って話し合ってみたら。

また、つぎのようになるのでしょうか。

会話例14-2

Y：グレーさんの上司にへつらう態度は目にあまる。

X：その見方はちょっと厳しすぎない。

ビジネス編というサブ・タイトルと、「オフィスで同僚同士が」という状況説明から、どうもYは上司に対する不満と反感をぶちまけているようです。まず、英語の思考では、これは第三者に言うことではなく、グレーさんに直接言うことです。上司との関係を改善したいならば、本人と話す以外にないでしょう。上司にとっては、自分に直接不満を言わないで、第三者に言う部下の姿勢こそ問題です。

うまく切り出せないとしたら、話術の問題です。また、自分の言いたいことを納得させられなければ、これも話術の問題です。英語の思考では、上司に直接言わず、第三者に向かって非難をすることは、グレーさんから反論する権利を奪い、一方的に、Ｙの正当性を打ち立てることになります。

また、上司の態度が眼にあまるなら、同僚も、同意するでしょう。そのような上司ならば、直接話しても聞く耳を持たないかもしれません。その場合は陰口にならないように、ジョークで笑い飛ばすぐらいな大人の態度でいきたいものです。その内容が辛辣ならば、前述の英語例のように、相手は上司に同情的になり、または、控えめならば、つぎの会話例のように、相手の同意を得るでしょう。

会話例14‐3
――グレーさんの（上の者に対する）へつらいは可哀想なくらいだ。
――言えてる。

相手の「正当な理由があれば良いのではないか？」という意味の反論には、まず「それが無いんだ」と答えてから、「上の者の言いなりで、部下との約束を平気でくつがえすんだ」と筋を通さなければ、英語では、反論になりません。「あの人は上役のきげんばっかりとっているんだから」で、だから態度が豹変せざるを得ないという肝心な点を言わず、相手の想像にまかせるのは、ツーと言えばカーと通じる、おなじ思考をする人たちの間だけです。個人の思考を尊重する英語の世界では、自分の言いたいことを明白に、筋道を立てて、誤解のないよう話す能力が要求されます。

さて、英語と和式英語の違いが、わたしの不器用な説明で、理解していただけたでしょうか。和式英語は、思考・発想面の相違のため、個人思考をする人にとって、馬鹿か、頭がおかしいか、鼻持ちならない奴という印象、または、そのすべてをまとめた印象を与えるのです。もちろん、個人が思考するのは、わが国でもおなじです。しかし、この思考の規範となる枠組(frame of thought)が違うのです。これは、わが国では常識のある人が、国外に出ると、この思考の規範に加えて、言動の規範(frame of conduct)が違うため、コミュニケーションの面でも非常識な人になってしまうのです。

また、本当に、二つの言葉間の思考・発想の違いを理解するには、それぞれのチャネルを受信する〈アンテナ〉が必要です。しかし、和式英語を話す人たちは英語のチャネルを受信・発信するアンテナがないのです。この英語の思考・発想を無視して、または、それに気がつかないまま、日本語の思考チャネルで押し通そうとするのです。世界に飛び出すためには、世界の常識を理解する必要があるように、やはり、思考・発想面でも合わせる必要があるのです。

民族の特性を生かすのも良いでしょう。しかし、言語文化に関する限り、われわれ日本人の思考・発想を持って英語の世界と対立することは無謀なだけではなく、危険です。たとえば、右の会話テキストを学んだ人たちが、重要な商談や政談を任されて、英語圏の相手と真っ向勝負に出たとしましょう。この程度のあいまいな思考と未熟な言語使用では、幼児扱いされるか、良くても、子供扱いされるでしょう。相手に要求を飲ませるどころか、一方的に相手の要求を一二〇パーセント飲まされて帰ってくるでしょう。それでは、もう少し和式英語におつき合いください。

15　和式英語に誠意はみられない

つぎの会話をみてみましょう。外国人と勤務中に昼食するとき、お酒を勧められたら、こう断れ、という内容です。

テキスト15
〈勤務時間中にお酒をすすめられたとき〉
X：**何を召し上がりますか？**
Y：**ビーフシチューとライスにします。**
X：**飲みますか。**

Y：いや、けっこうです。ふつうこの時間には飲まないものですから。よろしければ、どうぞお飲みになってください。

X：なるほど、わかりました。私もよしておきます。

（出典：東後勝明『英会話110番——ビジネス編』旺文社、一九八二年）

まず勤務中にアルコール飲料を飲むかどうかは、仕事の性格、つまり一匹狼の弁護士か、弁護士事務所に雇われている弁護士か、また商売をする人なら個人経営か人に使われているか、雇われている場合は、勤務先の規則、その時の状況、つまり商売関係者と食事をしているか等々、いろいろな要素を考慮に入れて、個人が決めることです。つまり、食事の時にワインを飲むかどうかは、時と場合を読み、自分の嗜好を入れ、個人が判断することです。話し合ってコンセンサスを定めることではありません。

テキストに戻ると、「よろしければ、どうぞお飲みになってください」という相手のコメントに「わかりました」と答えた後、「それでは私は遠慮なくいただきます」と言うかと思うと、「私もよしておきます」という矛盾した返事をします。自分も飲まないなら「ありがとう」と、相手の思いやりに感謝したあと、「実は、私もこの時間帯には飲まないのです」と言うのが筋ではないでしょうか。話のつじつまが合わないのが和式英語の特徴といっても、このように話の筋を通そうとしないで、くるくる意見の変わる人は、逆に、不誠実な人と取られます。

会話例15-2
——よろしければ、どうぞお飲みください。
——わかりました。それでは私はワインを少しいただきます。

会話例15-3
——よろしければ、どうぞお飲みください。
——ありがとうございます。実は、私も勤務中は飲まない主義です。

「わかりました」と言ったのは、実は、つぎの「よろしければ、どうぞお飲みください」という申し出に答えたものではありません。相手が飲まないことがわかったので、「私もよしておきます」というコメントが出たのでしょうか。しかし、これは、相手が「あなたはどうぞ」というコメントをつけた後で言う言葉ではありません。英語の会話の基本である「相手のポイントにカウンター・ポイントを出す」というポイントのラリーができません。

相手が飲まないから、自分も飲まないという、この相手の決断に追従する態度は、個人主義の世界では不自然です。英語の世界では、昼食のとき、状況によりますが、普通、相手に合わせる〈べき〉という慣習はなく、自分の食べたいものを食べ、飲みたいものを飲むのが自然です。　この自由な個人の意思を尊重する英語世界の習慣と、慣習的な作法に頼る態度が、右のようなチンプンカンプンなやり取りを生み出し、それが相手への不信感につながるのです。

余談ですが、食事の前に、食べものや飲みものを聞くのはウエイターの仕事です。レストランでは、もっと有意義な会話を楽しみたいものです。時には、仕事を離れた話をすることで親密さが生まれるかもしれません。

16 和式英語はすぐ人を信用する

空港のロビーでの会話です。

テキスト16

〈荷物などを見ていてもらいたいとき〉

Y：すみませんが、スーツケースを見ていていただけますか？　ちょっと電話したいものですから。

X：いいですとも。でも長くかかりますか？

Y：いいえ、すぐ戻ってきます。

X：わかりました。じゃ、見ていましょう。

（出典：東後勝明『英会話１１０番――海外旅行編』一九八〇年）

「ちょっと電話したい」というYのコメントは、踏み込んで考えるまでもなく、時間はかからないことを言っています。「でも長くかかりますか？」という質問は不必要で、会話を堂々巡りさせるだけです。しかも「いいですとも」と快諾した後、つけ加える言葉ではないでしょう。このように、必要のないくり返しで、会話を堂々巡りさせるのが和式英語の特徴です。この会話は、最初のやり取りだけの方がすっきりします。

会話例16-2
Y：すみませんが、スーツケースを見ていていただけますか？　ちょっと電話したいものですから。
X：いいですとも。

しかし、わたしは、このような会話は教えません。外国の地で、見も知らぬ人に、自分の所持品を任せることは、盗んでくれと言っているようなものです。個人の思考が働かないと、犯罪を奨励することになります。戻ってきて、自分の持ち物も、頼んだ相手も消えていたら、どのような反応をするか見ものです。このように意地悪な気持ちになるのも、人間には、愚行を蔑視し、秀でた言動を讃えるという本能が備わっているからでしょうか。人並みの思考をすれば、公共の場で、所持品を見ていてくれと頼めるのは家族か、知人か、身元がはっきりしている空港関係者に限られるでしょう。

このような会話は、わたしがマナグアで働いていたときの出来事を思いださせます。会社のあるビルの最上階はペントハウスになっていて、そこには日本商社の駐在員が住んでいました。ある日、出勤すると、会社の横に人集りがしています。見ると、野次馬が見ているのは、タイヤを盗まれて、足をもがれたカニのように、みじめに腹這いになった車でした。車庫入れを忘れたため、夜中にタイヤを盗られたのです。

そこへ車の持ち主が降りてきました。彼は、状況を見ると、野次馬に向かって大声を張り上げました。「何が起こったんだ？（Que pasó?）」みんなの注意は、この哀れな車の持ち主の日本人と、たどたどしいスペイン語に向けられましたが、返事をする者はいません。みんながあっけに取られています。本来、車を管理するのは所有者の責任です。何が起こったかを聞くとしたら、それは見物人の方でしょう。

野次馬たちが注目したのは、日本人がどう事態を処置するかです。彼らが期待したのは「くそーっ、やられた」と車の車庫入れを忘れた自分のうかつさを呪う言葉に続く、問題の処置です。問題の処置を考えているのがわかれば、親切な人が名乗りでて、助力を申し出るでしょう。しかし、何が起こったかは一目瞭然なのに、あたかも事態を把握できないかのように、部外者に説明を求めるという態度は、彼らの理解を越えた言動で、口を開けて、驚くしかないのです。

もの事を見たいように見る人は、後に、この出来事を語るとき、自分の管理の不手際から目をそらし、治安の悪さを語るでしょう。しかし、油断すると、このような事態はどの国でも起こります。また、状況の始末に手も貸さない野次馬を批判的に語るでしょう。脳裏に刻まれた苦い記憶は、時と共に増長して、その国の民族性を取り上げる時に、冷たい国民性として語られるかもしれません。だからこそ、もの事をあるがままに見る態度が必要になるのです。

わたしは、海外の在住者がよくとる、その国に批判的な態度は嫌いです。わたしがその国の国民ならば「この国が嫌なら出て行けばいいじゃないか」と反論するところです。批判は〈建設的な批判〉でなければ、非建設的な結果しか生みません。海外で一番よく聞くのは「ここの国民は働かない」つまり、「怠け者」だという批判です。しかし、見方を変えれば、逆に「日本人は働き過ぎる」とも言えるのです。

わたしも最初は、自分の文化的背景を判断基準にして、納得のいかない部分ばかりが眼につく人間でした。しかし、偏見を捨てて、もの事をあるがままに見ると、初めて、その裏にある良さがわかるようになりました。たとえば、ニカラグア人は口が悪く、見知らぬ人に対しても、露骨に口の悪さを披露します。歩いていると、向こうから来る人に「君は何と醜いんだ」と言われるのです。ところが、その国に数年住むうちに、逆に、その裏にある、率直で正直な面が見えてくるのです。相手が「君は醜い」と言うのは、確かに、わたしはその国の基準からみて、美男子にはほど遠いからです。わたしの醜さが、相手に強い印象を与えたのです。

もの事を見たいように見ると、このような挨拶は人種偏見にもなり、国家的な屈辱にもなります。本質を見抜くと、この〈馬鹿〉がつく正直さと率直さは気にならなくなり、ジョークで返すようになります。また、個人的なつき合いが始まると、良い奴で、何の偏見もない奴だとわかります。また、つき合うと、本気で人を愛す可愛い女性だとわかります。彼らは、口が悪いだけなのです。偏見を持たないのは、彼らの眼は〈わたし〉という個人しか見ておらず、誰もわたしが日本の国旗を捧げて歩いているとは思わないからです。

これもマナグアでの出来事ですが、ある日、ヒッチハイクをしている日本人の若者を拾って、裏庭のゲストハウスに一週間ほど泊めました。彼は米国で働いて貯めたお金で、世界一周を始めたところでした。米国で五年間、コダックの暗室で写真の現像をしていたそうです。わたしがその体験を聞き出そうとすると、良い体験はひとつもないというのです。彼は、アメリカ人の同僚を取りあげて、米国人の冷淡さをとくとくと語りました。これでは、会社がせっかく就業ビザを取ってくれて、良い給与を提供しても、五年以上我慢できないはずです。

ところが、彼を観察していると、すぐに気づくことがあります。まず一歩もゲストハウスから出ないのです。せっかく夢の世界旅行を始めたというのに、一日中、他の旅行者が置いて行った本や雑誌を読んで寝ているだけで、一歩も街に出ようとしないのです。さらに、わたしと日本語で話すほか、妻と一言も言葉を交わすこともなく、食事のために出てきても、挨拶もしません。

つまり、最低限の社交性も持ち合わせていないのです。これでは、どの国で働いても友達ができるはずがありません。好かれる要素はなく、また、彼の方から友達を求める気配もないのです。

きっとアメリカでの五年間を、無口、人間嫌いで押し通したのでしょう。まさに暗室向きの性格です。もちろん、最初は同僚からパーティーに招待されたはずです。しかし、言葉ができない上に、寡黙で、何を考えているかわからない人間がパーティーに興を添えるはずがありません。次第に交際の場を失い、独りの生活になっていったのでしょう。暗室だけが、彼にとって、居心地の良い場所になったのは想像に難くありません。

つまり、アメリカが閉鎖的な国なのではなく、彼が閉鎖的なのです。しかし、見たいようにものを見ると、悪いのは自分ではなく、アメリカ人だという、この若者の見方もできるのです。わたしの体験では、日本人が外国の社会に入れないのは、外国の社会が閉鎖的だからではなく、自分が閉鎖的な場合がほとんどです。事実、わたしは多くの国々を知っていますが、閉鎖的な人たちに会ったのは数えるほどしかありません。外国人に心を開いてもらいたければ、まず、自分が心を開くことです。外国で友達が欲しければ、まず自分から友達になることです。

17　和式英語は正しい言葉を選ばない

部下が上司に早退の許可を求めています。

テキスト17
〈早退を申し出るとき〉
Y：ベーカーさん、ちょっとお話ししていいですか。
X：いいよ。入りたまえ。座って。
Y：午後から休ませていただきたいのですが。といいますのも家内は病院でして、今晩生まれそうなんですよ。
X：そりゃ、おめでとう。いいよ。
Y：どうもすみません。

（出典：東後勝明『英会話110番――ビジネス編』旺文社、一九八二年）

若者の言行を批判するのは老人の悪い癖ですが、わたしは現代人の言語使用能力は、歴史的に見ても、確実に落ちていると思います。その理由は本を読む時間が、テレビとケータイとマンガを見る時間に替えられたという文化の移行もあるでしょう。
さらに、外国で高等教育を受ける人たちは多くの参考書を読まされ、膨大なレポートを書かされるので、テレビを見る時間もなく、マンガを読む時間もありません。ところが、わが国では、大学に入って知的競争力を証明した後は、この多読、大量のレポート提出を免れます。

米国で学位を取ったわたしの娘によると、五〇ページの文献を読んでレポートを書けといった類の宿題が一日に三つも出るそうです。この勉強の過酷さに、若者でも疲労困憊して倒れるほどです。それに比較すると、わが国の大学生は、医学生など特殊な分野をのぞいては、テレビやネットを見て、マンガを読んで四年間の休暇を過ごします。この現実は、外国の大学生と比較したとき、言語使用の面で、大きな差が出るはずです。

この言語使用能力の差は、いろいろな面に現れますが、まず言語の基本である〈単語の選択〉に姿を見せます。前ページの模範文では〝午後〟休む理由に〝夜〟妻が出産する理由を上げています。英語の世界では、このような言葉の誤った選択は見逃しません。もし好意的でない上司に当たれば「それでは、退社後、駆けつけても十分だろう」と早退を拒否するでしょう。

「今晩」という言葉の選択は、自分を不利に追い込みます。加えて、出産の予定には、多少のズレがあるものです。これも早退を拒否する理由になります。「今晩生まれる」と時を決めつけると（そのこと自体が不自然ですが）、あらゆる面で不利になるのです。それより時を明言せずに「いつ生まれてもおかしくない」と言葉を選べば、すべては解決します。たとえば、つぎのように言えば、上司は気持ちよく許可をだすでしょう。

会話例17-2

——妻がいつ出産してもおかしくない状態なのです。

こう言えば、早退の理由ははっきりするし、そのような状況で、よく午前中だけでも働いてくれた、と感謝されるでしょう。すべては一語の選択です。ツーと言えばカーと伝わる、単純化した以心伝心の意思疎通法では、個人社会ほど言葉を厳選する必要がないため、言葉の選択がいい加減になるのです。英語の世界では、一語の選択が命取りになります。この傾向は、わが国の政治家がよく披露してくれますが、一般的にも、生ぬるい言葉の選択が許されています。

また、余談ですが、わたしが上司ならば「そりゃあおめでとう」という言葉は付けないでしょう。これは赤ちゃんが生まれてから言う言葉です。出産は大変なことで、何が起こるかわからないからです。このような軽はずみな言葉が、後になって、後悔される場合もあるのです。

18 和式英語のテレビ対談　その1

日常会話が満足にできないのですから、議論・討論ができるはずがありません。英語の討論とは、ポイントとカウンター・ポイントが鋭く行き交う、言葉のラリーです。これをポイントを突けない和式英語の話し手ができるはずがありません。ところが、過去に、果敢にも、和式英語で外国人のゲストとテレビ対談を試みた人たちがいたのです。しかも、これらの対談シリーズは、英語学習者のために、本にまとめて出版されています。

もちろん、和式英語でも対談は可能です。しかし、それには「対談の内容が問われなければ」という但し書きがつきます。わたしが〈和式英語では議論・討論はできない〉というのは、和式英語では〈意味ある討論はできない〉ということです。ましてや、教養のある対談などはとてもできません。

このような対談がテレビで放映されることは信じられないことですが、さらに、英語教材として出版されることは、そのこと自体が、わが国の英語レベルの低さを如実に語っています。それでは、ここで、和式英語の対談が、世界の対談のレベルと比較したとき、いかに幼稚かを証明してみたいと思います。まず、これらの対談から、和式英語の〈典型的な話法〉をいくつか拾ってみましょう。まず最初は、ワイン通のゲストとの対談です。

ゲスト：ワインは年をとります、成長し、ピークに達し、そして質の低下がおこります。老人のように峠を越えるのです。
ホスト：わかりました。〝円熟する〟ことですか?
ゲスト：ええ、まあ、〝円熟する〟でも良いでしょう。しかし、その時が……
ホスト：〝峠を越す〟。
ゲスト：峠を越す、それは杖をついて歩く老人のように、よぼよぼになるということです。
ホスト：〝高齢者?〟

ゲスト：高齢者、そうなったらもう飲めませんね。
ホスト：〝良くない？〟
ゲスト：要するに、ワインは一番飲みどころで飲むことです。
ホスト：〝ピーク時に？〟
（出典：松本道弘『英語で迫る』朝日イブニングニュース社、一九八〇年。以下、太字は同書より。訳は片野）

「ワインも人間のように成長し、ピークに達した後、老化する」というコメントに「わかりました」と言っておきながら、その後、会話を発展させる意図はなく、むしろ、堂々巡りさせます。相手の発言の主旨を理解したなら、続く部分は無用です。わたしだったら「老化するとは、通にとっては、飲み頃を逸したということですね。わたしのように、一本のワインに千円以上はかけない者には理解できない話ですが」とユーモアと皮肉を行間に残して、会話を発展する役に徹します。この意味のない〝堂々巡り〟が和式英語の特徴です。

また、ホストはゲストの言葉を、何度も、先取りします。これも和式英語の特徴ですが、英語では「相手の舌に言葉を乗せてやる（put a word onto other's tongue）」と言われるこの愚行は、失礼なだけでなく、禁じ手でもあります。さて、結局、対談は、ワインにも寿命があるというポイントが蒸し返されるだけで、カウンター・ポイントが出ないまま尻切れトンボになります。つぎのゲストがワインの飲み方の講釈する場面では、ホストは妙な質問をしてメチャクチャにします。

ゲスト：味わい方はこうです。

ホスト：舌の上で回す？

ホストは、またも、相手の言葉を先取りします。

ゲスト：楽しみなさい、味わって楽しみなさい。そしていろいろなルールに惑わされないことです。

ホスト：なぜ舌の上で回すのですか？

話をぶり返しては進展を妨げるホストに、ゲストは理屈抜きに味わえば良い、と終結しようとします。ところが、ホストは「なぜ舌の上で回すのですか？」と執拗に食い下がります。このような無意味な挑戦は、外国のインタビューならば「眼で味わっても良いのですが、痛いだけで味を認識できないからです」という皮肉が返ってくるところですが、さすがに、そこはＴＰＯを心得ているゲストはつぎのように答えます。

ゲスト：それは舌に味覚を感知する感覚器官があるからですよ。

このコメントも皮肉たっぷりです。しかし、往々にして、和式英語の話し手は、この行間に込めた強烈な〈皮肉〉を読みとれません。行間が読めないと、対談は小学生レベルで終わってしまいます。対談は誰でもできますが、教養のある対談は和式英語の話し手にはできないという意味がおわかりでしょうか。

その後、対談はよちよちと這うように続き、息切れ寸前です。

ゲスト：大体、白は魚と合い、メドック、ボルドーのような軽い赤は羊、子羊といった軽い肉と合います。

ホスト：赤肉？

この執拗なくり返しにゲストはノックアウト寸前です。思考も言葉もしどどに乱れます。

ゲスト：だから、軽い肉です、赤い肉です、しかし軽い肉です。

実は、このホストは、日本で初めて〈英語の討論〉を導入した功労者なのです。しかし、この対談でもわかるように、彼の討論は論理的に説得するのが目的ではなく、精神的にローブローを出して、相手を痛めつけて、ダウンさせるという禁じ手ばかりです。この後、ホストはレストランでワインを選択するときどうすれば良いかを訊ねます。その答えがつぎの対話です。

ゲスト：わたしならソムリエに聞きますね。ワイン・ウエイターです。

ホスト：あー、ソムリエね。

相手の言葉じりをとらえてくり返すのは和式英語を話すホストの常套手段ですが、これでは会話を進めるホスト役を果たしていません。また、意地悪な解釈をすれば、このような意味のないくり返しは、自分の博識を披露しようとする子供っぽい試みに過ぎず、英語の世界では、裸の王様のように、その意図を見抜かれます。さて、つぎのゲストのコメントは、ホストの「ソムリエは（ワインの選択を）教えてくれるのですね」という自明の理を問う質問に答えたもんです。

ゲスト：もし彼がソムリエの端くれならば、ワインを薦めることはできるはずですよ。

この皮肉もホストには通じないようです。しかし、小学生の対話をしていることに気づいたのでしょうか、ここで、会話をまともな方向に戻そうとしますが、この試みは、つぎの愚問で粉砕されます。

ホスト：なぜですか、それは彼は免許を持っているからですか？

またもや「なぜワインは舌で味わうんですか」の屁理屈がくり返されます。このように、われわれ日本人にとって、英語は、覚えただけでは使えない言葉なのです。覚えた後、英語の常識と、思考・発想の水準で話すことを覚える必要があるのです。

ホスト：もし一息嗅いで、一口啜って、悪いワインだとするでしょう。あなたはそのワインを返す、送り返す、別のワインか何かを持ってくるよう言う勇気はありますか？

ゲスト：えっ、おかしな質問ですね。

和式英語が、時に、意思疎通の断絶を招くのは、その裏にある〈日本人の思考〉が犯人です。まずワインを「悪いワイン」、「良いワイン」と決めつける〈単細胞思考〉が問題です。「味の悪いワイン」、「味の良いワイン」を意味するなら、ソムリエが前者を持ってくるはずがありません。また「悪いワイン」を「腐敗したワイン」または「コルクの味が染みついたワイン」と解釈しても、鼻の効くソムリエがそのようなワインを注ぐはずはありません。まずゲストは、ホストの言う「悪いワイン」の意味がわからないのです。

つぎの「悪いワインを拒否しますか」という部分を「その勇気があるか」と、勇気という概念を加えるのも理解に苦しむところです。英語では、これは勇気の問題ではありません。この状況に対処するのに〈勇気がいる〉のは、個人性がひ弱で、まともな主張をするにも〈勇気〉がいる人だけで、英語圏では、よほど性格に問題のある人間に限られるでしょう。ゲストの返答からわかるように、日本語の思考を、そのまま英語に直しても、通じないのです。しかし、ホストは自分の歪曲した思考を押し通します。

ゲスト：ソムリエはワインがグラスに注がれた時点で、それは大丈夫なのを知っています。
ホスト：そうですか。〝ノー〟と突き返すには深い知識に加えて、ずうずうしさと強靭さといったようなものが要求されるのですね。

ソムリエがいるかぎり、そのような状況は起こらないというゲストのコメントに「そうですか」と理解を示した、その舌の乾かぬうちに、またもや、自分勝手な結論を導き出します。ずうずうしさという否定的な意味合いの言葉と、強靭さという肯定的な響きをもつ言葉が同居しても気にならないようです。さて、この後、やっと重い腰を上げずで、ホストは話題を変えようとします。

ホスト：ワインの哲学的な面を少々語りましょう。良いワインは良い天候から生まれ、悪いワ

インは悪い天候から生まれるという人がいます。これは正解ですか、それとも、間違いですか？

また、〈良いワイン〉と〈悪いワイン〉という単細胞思考が登場します。しかし、和式英語の特徴の最たるものは、個人の思考が完全に停止したとしか思えない、矛盾が顔を出すことです。「ワインの哲学的な面を話そう」と話を振りながら、ワインと気候の関係を話しても、筋は通りません。ワインは飲み物という知識しかなく、哲学するものではないと信じるわたしなら「ワインと天候の関係を話しましょう」と切り出すでしょう。

ゲスト：日光が強すぎる、これはフランスのローヌ峡谷、イタリア、オーストラリア、カリフォルニア……

ホスト：カリフォルニアとギリシャ？

和式英語を話す対談者の、目立つ点は、相手の意見を最後まで聞かないことです。相手の発言を途中でさえぎることは、結論を最後に言うことがある英語では禁じ手です。また、ホストは、ここで〝相手の舌に言葉を乗せてやる〟動きに出ます。ホストは世界的なワイン愛好者と知識を争うことは期待されません。むしろ、相手の話を引き出すのがホストの役目です。この後、自分の博識を表に出そうと必死に努力するホストは、逆に、またも凡ミスを犯します。スタジオに持ち込まれた相手の貯蔵品に目をやり、つぎのコメントをします。

ホスト：今日お持ちになったボトルは、いわゆる〝ブレンド〟ですか？

ワインに〝ブレンド〟はありません。ホストはワインをウイスキーと勘違いしているようです。相手は愕然として言葉を失います。

ゲスト：えー、いいえ、あのー……

ホスト：これは……

この絶望状態を救うのも、また、ホストではなく、ゲストなのです。完全に袋小路に入った対談を、ゲストは、意味あるものにしようと、助け舟を出します。

ゲスト：ブレンドとはどういう意味ですか、まず、その点から入りましょう。

助け舟を出されたのに、ホストは、乗る気はなく、意味不明な独り言を言います。相手の救援策を無視するのです。

ホスト：これはなにも無い、ええと、これはブレンドじゃない？　ちょっと待てよ。これはビンテージ年がある……

この後、ゲストはホストが見ているのは、みんなビンテージワインだとホストに再確認させます。個人の思考が働けば、世界的なワイン通がスタジオに持ち込んだワインは最高級だということはわかるはです。

ホスト：これは一九七七年産のタヴェルだ。
ゲスト：そうだよ。

ここで、ゲストの態度に変化が見られます。教養のある会話では見せないゾンザイな返事に変わります。この後、おなじような、意味のない、状況を再確認する質問に、ぶっきらぼうな返事が続き、これでは対談にならないと思ったのか、ホストは必死に苦境を逃れる道を模索します。その結果、またも、相手を当惑させる質問をします。

ホスト：だけど、ここにタヴェルとありますよ、それでも飲めるのですか？

高給ワインをとり上げて「これでも飲めるか」と挑発するのです。つまり、個人思考は完全にフリーズしているのです。この〈自分を見失う〉のも和式英語の話し手の特徴です。英語を話すときは、いかに確固とした個人性が望まれるかわかるというものです。ゲストの対応が見たいところです。

ゲスト：飲めるさ。そしてこれは七三年ものだよ。

ゲストは内心の動揺を表に出さず、つとめて冷静で、大人の態度を保とうとします。これが英語です。たぶん、和式英語の話し手は「七三年ものだよ」というコメントは文字通りにしか理解できず、行間にある「今が飲みごろだよ」という意味は認識できないでしょう。この後、また、照りが続くと甘いワインができ、雨が多く降ると甘みが薄いワインが生まれるという内容の会話が執拗にくり返されて、ホストが理解したかどうかわからないまま、話題は、電光石火に変わります。

ホスト：日本の酒と言えば、酒は好きですか？

「日本の酒と言えば」と始めますが、酒は、今まで、まったく話題に上っていません。また〈酒〉に〈日本の〉という形容詞をつける必要がないのは〈外国産の酒〉は存在しないからです。これを見ても、ホストの英語は、思考の乱れからか、生徒並の英語レベルに落ちています。この突然英語レベルが下がるのも和式英語を話す人の特徴で、前に登場した麻雀の先生が、真夜中になると「ニード」と「ノーニード」の二つの単語で話すようになったのは、決して、誇張した話ではないのです。むしろ、本来ならば〈創造的な会話〉は苦手な和式英語の話し手が、この対談のホストのように、ここまで粘れるのは敬服に値します。

その後、対談に意味を持たせようとするゲストは「酒は大好きだ。刺身、おでん、かば焼きと言った日本食と良く合う」とコンテキストを守ろうとします。その後、ホストの「酒はワインの一種ですか、それともビールの一種ですか」という相手の精神攪乱を狙ったとしか思えない突っ込みにも、冷静に論理が許すかぎりの説明をします。ところが、ホストは、話の内容に一貫性を持たせる気持ちがないのか、つぎのような質問をします。この質問でしか会話を発展できないのも和式英語を話す対談者の特徴です。

ホスト：だからワインは（酒のつまみとして飲むと）酒と合わないんですね？

この愚問を、世界的なワイン通のゲストはさらりと聞き流します。これが大人の態度なのです。

ゲスト：わたしはワインを酒のサカナとして飲むようなことはしませんね。

これを聞いたホストは、ここぞとばかり、容赦なく、攻めたてます。

ホスト：酒は何にも合わないと。

この論理の飛躍に、さすがに、冷静を保とうとする相手の思考も乱れます。一本あり、というところでしょうか。

ゲスト：えー、いいえ、それは実際のところ……

しかし、冷静を取り戻すとつぎのコメントで状況を収拾します。

ゲスト：いいえ、種類の異なるアルコール飲料はお互いにサカナにはなりません。

ホストは、また、和式英語の特徴である〝短絡な思考〟を披露し、理由のない〝断定〟を恐れません。

ホスト：日本人が酒を飲む目的は社会的なものです、日本人は群居したがる民族なんですよ。

〝日本人が酒を飲む目的は社会的なものです〟と言い切るのは〝短絡〟です。言うまでもなく、多くの日本人がプライベートで酒を飲んでいます。晩酌が一例です。この短絡な思考も、集団思考の特徴です。世界の人間には、つぎのように、その場で直されるでしょう。

——日本人が酒を飲む目的のひとつは……（One of the purposes of sake drinking is ...）

この対談のホストはわが国では〝英語の神様〟的な信奉を受ける人物です。しかし、このシリーズに盛られている対談は、どれを取っても、メチャクチャな内容で、とても知的対談と呼べる代物ではないのです。このような対談を教育番組として放送すること、さらに、放送後、本にまとめて出版する事実は、正直に言って、世界との知的落差の大きさを感じさせられます。日本人の思考・発想から生まれる和式英語は、わが国の将来に大きな影を投げかけます。実は、いままでも日本人が世界で起こす思考摩擦（貿易摩擦もこの一種）は、たとえば、国際政治、国際ビジネスなどの形で、多々起こっているのですが、日本人は、この問題の本質を把握していないだけなのです。

19　和式英語のテレビ対談　その2

別のテレビ対談を取り上げてみましょう。ホストは別人ですが、和式英語の特徴は少しも変わりません。和式英語の特徴のひとつは、読みが浅いことです。文字面しか読まないことです。多くを語らなくても、相互理解が成り立つ単一民族思考は、思考表現の単純化を生み、読みも単純にするのです。

たとえば、平気で「日本人は器用だ（The Japanese are dexterous.）」と言います。そして「外国人は不器用だ」という言葉の奥まで読まないのです。このような単細胞思考は、英語の議論では即座に正されます。

——日本人：日本人は器用だ。

——外国人：日本人の中には器用な人もいる。（Some Japanese are dexterous.）

しかし、考えるまでもなく、どこの国にも器用な人はいます。英語では口にするまでもないコメントです。

おなじことが和式英語の対談で起こります。

ホスト：男性は考える女性は好かん。
ゲスト：男性の中には考える女性を好まない人もいます

（出典：『竹村健一　英語で世相を斬る』グロビュー社、一九八三年。以下、太字は同書より。訳は片野）

短絡な思考は、即座に、ゲストに正されます。

ホスト：日本では金を作るのは恥ずべきだ、知っとるかね？
ゲスト：いいえ、知りませんでした。
ホスト：そうなんだ。

ホストの発言は同書では「日本では、金もうけをむしろ恥としなければならないようなところがあります」と翻訳されていますが、これは正しい翻訳ではありません。

世の中には、大富豪を否定的にみる人はいます。わたしも、そのひとりです。しかし、ホストの言う「金を作る」は、庶民が働いて報酬を得ることも含みます。「それでは日本人は生活のために恥をしのんで、金を稼ぐのか？」という反論が生まれるのです。このような、不用意な、すぐ反論を呼ぶ、脇の甘い話し方は、英語圏では耳にしないでしょう。もの事をあるがままに見れば、わが国にも、財をなした人を尊敬する風習もあります。公僕でありながら巨額の財を残す政治家を崇める人もいます。

対談相手が反論を控えたのは理由があります。一つは、英語には質問のポイントには、それがどのような質問であれ、答える義務があることです。質問のポイントは「君は知っとったかね？」です。これに率直に「知りませんでした」と答えたのです。しかし、この返答は、相手の主張の正当性を認めることではありません。しかし、ここでゲストが反論に出なかったのは、このコメントが話の筋に重要ではないこと、つぎに、このような前提で、討論を続けるのは避けたいからです。英語は、基本的に〈前提〉はすべての討論者に受け入れられるものでなければなりません。前提を受け入れてもらうには、つぎのように論理的な修正が必要でしょう。

——日本人は金を作ることを恥じる一面がある。

しかし、この傾向は人類共通のものです。言葉にするに値しないコメントです。

テキストに戻りましょう。わたしが番組のホストならば、このような根拠のない断定は控えるでしょう。また、ゲストに対して「知っとるかね？」などという口は叩かないでしょう。このような発言は、日本人は日本を知っているという迷信と、縦型社会の人間が自分の地位を確立する幼稚な試みで、英語では、理解されないからです。（ところで、この対話のわたしの日本語訳は、このホストの普段の口調を反映させていただきます。）

相手の話のポイントを受けとめて、そのポイントに沿った意見をだすのが英語の対話ですが、和式英語の話し手はその基本を無視します。そのため、相手の発言の一部をくり返して堂々巡りをしたり、また、聞き返す必要もない内容を聞き返して、逆に、自分の理解力に問題があることを暴露します。時代が違うので、現在の経済状況に合いませんが、つぎの対話を見てください。

ゲスト：金の価格は、インフレ懸念が薄らいだことを反映して大幅に下落しました。
ホスト：それで、インフレもこれから下がると思うのだね。
ゲスト：もう下がってますよ。

相手の発言の一部をくり返したり、相手の考えを先読みするのは和式英語の常套手段です。相手は、明白に「インフレ率の低下」が原因で「金価格」が暴落していると言っているのに、聞かなかったかのように「それで、インフレもこれから下がると思うのだね」は主客転倒です。

つぎの例を見てみましょう。ホストの「日本人は預金が好きなんだ」というコメントに対して、ゲストはつぎのように受けます。

ゲスト：それは非常に健全なことだと思います。

こう受けた後、ゲストは、つぎのように突っ込みます。

ゲスト：しかし、聞いたところでは、若い世代はそれほど強く預金しないそうですが。

この突っ込みに対して、ホストは反論を避けて逃げます。

ホスト：君も日本と日本人の行動について、少しは知っているんだな。

追いつめられると、答えずに、そのかわりに、相手を褒めたりしてごまかすのは和式英語の常套手段ですが、「少しは知っているんだな」では、本人は褒めたつもりでも、相手にとっては侮辱です。そして、これも常套手段である、話題をそらせて、個人的な話に入り、逃げるのです。

――日本に関心を持っとるんだな？

これは対談の内容から明白です。取り上げるまでもありません。相手の「聞いたところでは」という発言を聞けば、これは学者には珍しい〈根拠の薄い論（unwarranted assertion）〉です。つまり、相手はかなり和式英語のボディーブローが効いているか、または、この程度の攻撃にもホストは反論できないだろうと読んでいるのでしょう。

この程度の反論は、英語ではごく容易な部に入ります。相手の「強く」というポイントを切り返して、つぎのように返せばいいのです。

——若い人たちはどこの国でも強く預金はしませんよ。強く預金に走る余裕はないのですよ。

こう返せば、相手は敵をあなどって、つまらない突っ込みをしたことを後悔するでしょう。

また、別の対談では、前の対談で見た、相手の言葉を先取りするだけでなく、執拗なまでに、食い下がる和式英語の特徴がみられます。

ゲスト：わたしは近代日本を基盤にした、日本を舞台にした、スリラーの構造を書き、そこからテレビまたは映画を製作するという話を持ちかけられました。

ホスト：しかし、はじめは小説を書くのだね。(どういう根拠から出たかわかりません)

ゲスト：いや、小説ではありません。

ホスト：あ、〝スクリーンプレイ〟。

ゲスト：いえ、そうとも言えないんです。

ホスト：〝テレビの脚本〟。

ゲスト：日本人の映画の脚本家が……

ホスト：〝ストーリの大筋〟。

ゲスト：そうです。

このように、相手の発言をさえぎって、執拗に、推定ゲームを続けることを臆しません。この自分をより知的に見せようとする努力は、逆に、幼稚な印象を与えるのです。
また、言葉の裏を読まないため、行間にある、相手の皮肉を理解できず、トンチンカンな返事をします。つぎの対談をご覧ください。ホストは、日本人の団結心、結団力を褒めたたえたあと、相手を慰めるかのように、つぎのように言います。

ホスト：しかし、われわれはあなた方の言うところの個人性がない。

確かに、日本人の団結心、結団力は世界が認めるところですが、これまでの自画自賛にうんざりした対談者はつぎのように応答します。

ゲスト：われわれだって何か持っていなければね。

行間の皮肉を汲み取れないホストはつぎのように受けます。

ホスト：その通りだ。

また、相手に意見や見解を聞かれると、答えずに〈無視する〉という態度にでるのも和式英語の特徴です。つぎの会話を見てみましょう。

ホスト：（開発途上国の援助にふれて）**しかし、単にプラントや工場を建設するだけではこれらの国々の生活水準を向上するのは不十分だ。**

外国資本が入り、工場が立てば、雇用が起き、経済の活性化につながります。しかし、ホストがこれだけでは不十分だと言うので、ゲストは、つぎのような質問を投げます。

ゲスト：あなたならどうしますか？

この質問は、実は、ちょっと前、ホストが相手に投げた質問です。ゲストは相手の話法を利用しておなじ質問をぶつけたのです。しかし、ホストは答えられず、もがき苦しみます。

ホスト：まあ、どちらかと言えば……

質問のポイントには答えず、話題を変えて逃げるのです。

20　子供の対談

今まで見てきたように、和式英語のホストは、必要もない論争を吹っかけたり、相手の発言を最後まで聞かず、言葉を先取りしたり、相手の突っ込みを逃げて答えを避けたり、まるで子供のような対談をします。その結果、筋の通らない、内容のない対談に終始するのです。これでは大人の対談とは言えません。このような対談は、知性を疑われるだけでなく、相手を知的に侮辱することになります。英語圏ではたとえ小学生でも、これほど内容のない対談はしないでしょう。これらの対話は、わが国では英語を話せば英語が話せるという通念を論破するのに十分でしょう。

まず、和式英語の対談者は、さまざまな慣習の束縛を持って対談に臨むのです。それに反して、外国人ゲストは、何の束縛もプレッシャーもなく、自然な態度で対談に集中します。この気楽な態度と、縦型社会での地位や世間体を固持するため、必要以上に自分の博識を前面に出そうとする態度は対照的です。英語が下手な上に、余計な雑念と精神的なプレッシャーを背負って立ち向かうのですから、マトモな対談になるはずがありません。自分を自分以上に見せようとする幼稚な試みが逆効果を生むのです。

事実、この対談を、外国人に読ませて感想を聞いたところ、ほとんどの人が「虚栄と格好ばかりつける内容の無い対談（Pompous and pretentious.）」と読みました。このテレビの教養番組を通して、わが国の〈英語を話す知識人〉と知的な会話（?）をする機会を持ったゲストたちは、無礼講の席では、本音を暴露し、和式英語の達人のメンタリティーを笑いの種にするでしょう。この和式英語の達人たちの奇抜でトンチンカンな思考は、日本人の常識とおなじように、今や、世界が知るところです。しかし、建前と本音を巧みに使いわける彼らは、日本人の前で本音を言うことはないでしょう。

しかし、対談を意味あるものにできない最大の原因は、思考法の食い違いにあります。思考法が食い違っていては、おなじものを見ても、二つの違ったものに見えるのです。相手の思考法がわからなければ、相手が何を考えているか、何を言いたいかはわかりません。相手にとっても、こちらの発言の意図はわかりません。外国語で話すときは、思考法の統一が必要になります。和式英語の対談者は、この対談の基礎がないのです。これが和式英語の致命的な欠陥です。

外国人は、逆に、なぜ相手が自然体で大人の対話に臨まないのか、なぜ会話に全神経を集中しないのか、なぜ対話の筋を通そうとしないのか不思議に思うでしょう。納得できる説明は、やはり、相手が〝日本人だから〟ということになります。

21 和式英語とは……

最後に〈和式英語〉の特徴をまとめてみましょう。まず、最初の会話用テキストからわかるのは、和式英語は、話の内容がお粗末か、時に、内容が不在なことです。中学生の教科書からわかるように、問題を提供するだけで終わります。また、取り上げられた問題自身も、よく考えると実態がありません。中学生が、内容のない対話をすることは考えられないのですが、和式英語ではこの内容のない会話が許されるのです。これは儀式的な会話をするという日本語の特性から生まれるのでしょうか。この傾向はすべてのテキストからテレビ対談に至るまで顕著です。

つぎに相手の発言を読めないことです。相手が「うわあ、すごい雪だ」と驚いていることから、降雪を知らないのは明白なのに「一晩中雪がしんしんと降っていたのを知らなかったの」と質問します。このように相手の発言の裏を読めず、話を巻き返すのも和式英語の特徴です。この傾向はテレビ対談でも明白です。相手の「われわれも何か良い所がないとね」という皮肉が読めず、平然と「その通りだ」と返しています。相手が「金の価格は、インフレ懸念が薄らいだことを反映して大幅に下落しました」と言っているのに、「それで、インフレもこれから下がると思うのだね」と聞くのです。相手の発言の真意が読めないという点では、公衆便所を警備中の警官が「(入っても)大丈夫です」と言っているのに、血相を変えて戻っていく英語の教授が、その最たるものでしょう。和式英語の話し手は文字通りの表現しか読めないのです。

また和式英語は話に主体性がありません。コーヒーを勧められて「結構です」と断った人が、執拗に勧められると「それではいただきましょう」になったり、相手が食事時にワインを飲まないと言うと「私もよしておきます」と同調したり、「すっかり（準備が）できたわ」と返事した後で「もう一度たしかめるわ」と言ったり、人の荷物を見るのを快諾した人が、改めて「でも長くかかりますか」と聞き返したり、国際英語の観点からみると、極端に主体性がないのも和式英語の特徴です。

和式英語は話の筋を通せないようです。たとえば「典型的な日本の家なの？」という質問に、相手が「そうでもありません」と否定しているのに「日本の家の中に入れてうれしい」と言ったり、また「（私はアルコール飲料は飲みませんが、あなたは）どうぞお飲みになってください」という勧めに対して「わかりました。私もよしておきます」と答えたり、話の筋は通りません。

正しい単語を選べない人は言葉を使えるといえません。しかし、和式英語は言葉のあいまいな選択を許すのです。たとえば妻の出産のため勤務中に病院に駆けつけたい社員が、生まれるのは「今夜」だと言ったり、テレビ対談ではワイン談義をする際に「良いワイン／悪いワイン」と意味不明な表現をしたり、ワインと天候の関係に話題を振りたいホストが、ワインの「哲学的」な面を語りましょう、と言っています。またワイン談義の最中に、突如、「日本の酒と言えば」と続けたりします。これは、すべて、正しい言葉を選べないことを証明するものです。

ところで会話用テキストは、じっくり時間をかけて読み直す時間的な余裕がありますが、テレビ対談にはこの余裕がありません。それでは、つぎに、この即興的に行なわれるテレビ対談に共通した和式英語の特徴をみてみましょう。まず、答えがわかり切った質問をすることです。ワインを味わうとき「なぜ舌の上で回すのですか?」と聞くのです。二歩、三歩と踏み込んで質問を理解しようとする相手を焦燥させるのが目的でしょうか。相手は思わず「それは舌に味覚を感知する感覚器官があるからですよ」と答えざるを得ません。このような相手の虚を突いた対話は〈幼児の会話内容〉に終始します。この〈幼児の会話〉が対話を通して見られます。たとえば「〈ソムリエがワインを薦められるのは〉免許を持っているからですか?」、ワイン通がスタジオに持ち込んだコレクションを手にして「ここにタヴェルと（書いて）ありますよ、それでも飲めるのですか?」と聞いたりします。

また論理的な裏付けのない断定が多いのも和式英語の特徴のひとつです。「日本人が酒を飲む目的は社会的なものです」、「日本では金を作るのは恥ずべきだ、知っとるかね?」、このような裏付けのない断定は、一つ登場するだけでも対談の評価を落としますが、これが散在するのです。

また、相手に釈明を求められたり、突っ込まれても答えません。平然と相手の突っ込みを無視するのも和式英語の特徴です。時には、単純な質問にも答えません。たとえば「ブレンドとはどういう意味ですか?」に対して「これはなにも無い、ええと、これはブレンドじゃない?　ちょっと待てよ。これはビンテージ年がある……」と独り言をつぶやいて答えをはぐらかそうとします。

また「あなたならどうしますか」と突っ込まれて「まあ、どちらかと言えば……」では返答になりません。また「若い世代はそれほど預金しないようですが」と突っ込まれると答えを避けて、話題を変え、相手を褒め上げます。「君も日本と日本人の行動について、少しは知っているんだな」。これは和式英語の対談者の常套手段です。

ここまで和式英語の特徴をみてきましたが、何と言っても、和式英語を和式英語たらしめる最大の特徴は個人の思考の軟弱さにあります。時に、個人思考が働いていないのではと疑わせるほどです。例えばテレビ対談で「酒はワインの肴になるか?」という意味のことを問うたり、また「酒は何にも合わない」と結論づけます。

会話用テキストでは、考えて書いて、校正を重ねたにもかかわらず、閉館後の博物館に入ろうとしたり、中華料理店に入って和食を注文したり、乗り過ぎてからバスの停留所を教えたり、会社を訪問するのに裏口から入って関係のない人に予約があることを知らせるという英語の感覚からしたら、馬鹿か、頭がおかしいか、鼻持ちならない人間としか思えない思考を暴露します。

確かに、日本語と文字、音、文法と、すべての面で異なる英語を修めることは、われわれ日本人にとって難しいことです。しかし、その逆もしかりで、デーブ・スペクターさんが日本語を覚えるとき、まったくおなじ状況に直面します。しかし、デーブの日本語からは「馬鹿、頭がおかしい、鼻持ちならない」というマイナス面は感じ取れません。むしろ、時に、洒落た印象さえあります。これは彼の個人思考がしっかりしているからです。デーブの個人思考の正確さは、日本語を話しても姿を消すことはありません。

要は、なぜデーブは個人思考がしっかりできて、和式英語の話し手はそれができないかです。これは、当然、受けた教育の違いにあります。デーブが個人の思考を強化する教育を受けたのに反して、和式英語の話し手は没個性の教育の犠牲者なのです。社会の課す言語の抑制の犠牲者なのです。また、逆に言えば、英語はしっかりとした個人思考ができる人たちの言葉なのです。個人思考が弱く、集団的、慣習的な思考法に頼る人たちは、個人性も軟弱で、相手もおなじく個人性が弱いと考えがちで、大人の討論はできないのです。使わない筋肉は衰えます。使わない知的能力も、当然、衰えます。わが国の政治家が外交ができないのも理由はここにあります。

これが、日本語の思考と発想で英語を話す〈和式英語〉の弊害です。「それではどうしたら良いんだ」という問には、わたしは、わが国の家庭教育と学校教育が変わらない限り、個人ができることは「英語を通して英語の思考を学ぶしかない」としか言えません。英語の思考には、その根底に〈論理〉が存在します。また思考の原点は個人にあります。これは慣習やシキタリに合ったた〈べき、べからず〉思考と発想を学ぶより遥かに容易です。すべては、問題を認識することから始まります。問題の提起が、本書の目的です。この問題の根本的な解決は、言うまでもなく、わが国の教育の改善しかありません。それに関しては別の機会に述べさせて頂きたいと思います。

おわりに

外国語を習得するとき、どこまでやるかが問題になります。その言語の文化的背景まで学ぶ必要があるかどうかです。英語を自分の言葉にするとき、どの程度まで英語圏の人たちの常識、思考・発想などを学ぶ必要があるかという議論です。ユーモアや比喩、議論の仕方から始まって、人間関係、大きく言えば生き方まで学ばなければならないか、それとも言葉を単なる道具として覚えて、自分の文化的背景をもとに世界に飛び出すべきか、は大いに議論の余地があります。

ヨーロッパ語を母国語とする人たちの中には、自分の言語的な文化背景を残して、英語圏の人間のそれを学ぶ必要はないと言う人たちがいます。これは一理ある議論です。しかし、その裏にはヨーロッパ語は、それぞれの独自性を持ちながらも、共通の文化的背景を有する事実がありま す。彼らは、われわれ日本人と違って、英語を通して、考え方、話し方から学ぶものは多くないのです。学ぶとしたら言語だけかも知れません。その言葉さえ母国語と共通性こそあれ、異質性はあまり感じないでしょう。つまりアメリカに移住したヨーロッパ人は、移民からアメリカ人になれるのです。つまり、一世からアメリカ人になれるのです。

アメリカで日系二世から聞いたことですが、日本人がアメリカ人になるには三世代かかるそうです。男性は四世代かかると言われています。これが彼等の体験から学んだ事実だと言うのです。これは本書で指摘した通り、日本人は常識が通じないだけでなく、思考・発想も通じない面が多いからです。そこで日本人が英語を自分の言葉にするときは、他のどの民族にも増して、英語の文化的背景を身につけることが必要になります。個人思考の発達した世界では、慣習的な思考、つまり日本人の社会通念では太刀打ちできないのです。日本人の思考・発想を押し通すことは、日本人の常識を押し通すのとおなじです。そのような試みは馬鹿か、頭がおかしいか、鼻持ちならない態度を披露するハメになります。

わたしは、日本人が世界に出るときは、世界の常識だけでなく、英語という言葉と、その言葉の裏にある思考と発想を身につけて行くべきだと思います。こう言うと、猛反発をする人が多いでしょう。しかし、新しい思考・発想を身につけることは、自分の本来の思考・発想を失うことでもなければ、自分のアイデンティティーを失うことでもありません。それに新たな魅力をプラスすることです。自分の思考・発想をより豊かにすることです。本当の自分を見いだすことだと言っても良いでしょう。二つの思考ができることは、両方の比較が可能になることです。外国に住んでみて、初めて日本という国がわかるのとおなじです。比較は《モノをあるがままに見る》のに役立ちます。そうしないと《見たいように見る》ことになってしまうでしょう。よくいろいろな国に住んだこともないのに「日本ほど住みやすいところはない」という人がいます。このような論は説得力に欠けます。

確かに言葉、習慣をはじめ、衣食住あらゆる面で、日本は住みやすいと感じる人はいるでしょう。そうだとしたら「わたしにとっては日本ほど住みやすいところはない」と言えば世界の人たちは理解します。英語を通して新しい思考・発想法を身につけることは、正しい日本語を使うのに役立ちます。わたしにとっては、この新しい思考・発想を覚えることは、すばらしい知的な冒険であり、人生を豊かにしてくれる神の贈り物でした。それは、英語をペラペラ話して得意になっていた若者のわたしに、あなたは〝英語を話していないよ〟という鉄槌を下し、自覚させてくれた外国の友達たちのプレゼントでした。

わたしの知る英語の達人の中では、この点に気がついていない人たちが多いのです。実は、ほとんどの人がそうです。これでは、英語がペラペラ話せるというだけで、英語学習がもたらす本当の果実を手にしていません。日本人にとって、英語学習の本当の実りとは、新しい思考と発想をモノにすることです。この本が、少しでも多くの人に、その意図を伝えられることを祈ります。そして、将来、日本人が思考・発想面で国際社会の市民になる日が来ることを祈ります。その目的のためには英語を選んだのは正しいと思います。英語の思考法は世界の人たちに通じます。英語は将来の世界語になり得る言葉です。皆さんの英語学習の成功を心からお祈りいたします。

この本で取り上げた出典は、古いものが多いことをお詫びいたします。これは、わたしが原案を長期にわたってあたためていたのが原因です。また、これらの出典を本書で使わせていただいたのは、和式英語は現在に至っても、少しも改善の兆しをみせていないからです。この点は、出典中の中学校の現行の英語教科書からも十分にご理解いただけると思います。

片野　拓夫

二〇一二年三月

片野拓夫（かたの・たくお）　大手英会話学校で二〇年間教えた後、「英語のかけ込み寺」(www.eigodera.info)を開校し英語の指導にあたる。「英語をものにして自分の人生を切り開いていく生徒をつぎつぎに生み出すのは、英会話学校では体験できない至上の喜びです」という。自身も一九九七年の「第61回ＴＯＥＩＣ」の最高得点者。

「英語の思考・発想を学ばずに、日本人が英語を話すのは無謀だ」というのが持論。

著書『上級者のためのＣＬトレーニング』（英友社）『英語のかけ込み寺』ⅠⅡⅢ（青灯社）

日本人の英語はなぜ12歳か？

2012年5月30日　第1刷発行

著者　　片野拓夫
発行者　辻一三
発行所　株式会社青灯社
東京都新宿区新宿 1－4－13
郵便番号 160－0022
電話 03－5368－6923（編集）
　　 03－5368－6550（販売）
URL http://www.seitosha-p.co.jp
振替　00120－8－260856

印刷・製本　株式会社シナノ

ISBN978－4－86228－058－9 C1082

小社ロゴは、田中恭吉「ろうそく」（和歌山県立近代美術館所蔵）をもとに、菊地信義氏が作成